Ricette Per La Massa Muscolare, Prima E Dopo La Competizione Nel Bodybuilding:

Recupera Velocemente E Migliora Le Tue Prestazioni Nutrendo Il Tuo Corpo Con Pasti Che Rafforzano La Massa Muscolare E Sciolgono I Grassi

di

Joseph Correa

Nutrizionista Sportivo Certificato

COPYRIGHT

© 2016 Finibi Inc

Tutti I diritti riservati

La riproduzione o la traduzione di qualsiasi parte di questo lavoro al di là di quanto consentito dalla sezione 107 o 108 degli Stati Uniti Copyright 1976, senza l'autorizzazione del titolare dei diritti è illegale.

La presente pubblicazione è stata progettata per fornire informazioni accurate e autorevoli in materia di

Il tema trattato. Viene venduto con la consapevolezza che né l'autore né l'editore si impegnano a fornire consulenza medica. In caso di consultazione o di assistenza medica, consultare un medico. Questo libro è considerato una guida e non deve essere utilizzato in alcun modo che possa essere dannoso per la salute. Consultare un medico prima di iniziare questo piano nutrizionale per assicurarsi che sia giusto per te.

RINGRAZIAMENTI

Alla mia famiglia che ha reso possibile la realizzazione ed il successo di questo libro.

Ricette Per La Massa Muscolare, Prima E Dopo La Competizione Nel Bodybuilding:

Recupera Velocemente E Migliora Le Tue Prestazioni Nutrendo Il Tuo Corpo Con Pasti Che Rafforzano La Massa Muscolare E Sciolgono I Grassi

di

Joseph Correa

Nutrizionista Sportivo Certificato

CONTENUTI

Copyright

Ringraziamenti

Cenni sull'autore

Introduzione

Frullati pre-competizione Nel Bodybuilding

Pasti pre-competizione Nel Bodybuilding

Frullati post-competizione Nel Bodybuilding

Pasti post-competizione Nel Bodybuilding

Altri titoli dell'autore

CENNI SULL'AUTORE

Come nutrizionista sportivo certificato e atleta professionista, sono fermamente convinto che una corretta alimentazione ti aiuterà a raggiungere i tuoi obiettivi più velocemente e in modo efficace. La mia conoscenza ed esperienza mi ha aiutato a vivere in modo più sano nel corso degli anni che ho condiviso con la famiglia e gli amici. Quanto più si sa di mangiare e bere in modo sano, tanto prima si vorrà cambiare la tua vita e abitudini alimentari.

Avere successo nel controllare il peso è importante in quanto permetterà di migliorare tutti gli aspetti della tua vita.

La nutrizione è una parte fondamentale nel processo per ottenere una forma migliore e questo è tutto ciò che è contenuto nel libro.

INTRODUZIONE

Ricette Per La Massa Muscolare, Prima E Dopo La Competizione Nel Bodybuilding: Recupera Velocemente E Migliora Le Tue Prestazioni Nutrendo Il Tuo Corpo Con Pasti Che Rafforzano La Massa Muscolare E Sciolgono I Grassi

Questi ricette contribuiranno ad aumentare il muscolo in maniera organizzata con l'aggiunta di grandi porzioni sane di proteine alla tua dieta. Essere troppo occupato a mangiare correttamente a volte può diventare un problema ed è per questo che questo libro ti farà risparmiare tempo e contribuirà a nutrire il tuo corpo per raggiungere gli obiettivi che desiderati. Assicurati di sapere cosa stai mangiando per preparartelo da solo o avere qualcuno che lo prepara per te.

Questo libro ti aiuterà a:

- Incrementare la muscolatura velocemente.

- Avere più energia.

- Accelerare il tuo metabolismo in modo naturale per avere più muscoli.

- Migliorare Il tuo sistema digestivo.

Joseph Correa è un nutrizionista sportivo certificato ed un atleta professionista.

FRULLATI PRE-COMPETIZIONE NEL BODYBUILDING

1. Frullato di Avena & Mandorla

Tempo di preparazione: 5 minuti
Porzioni: 3

1. Ingredienti:

220ml latte
1 cucchiaio/i mandorle (macinatura) (15g)
1 cucchiaio/i avena (15g)
1 cucchiaino sciroppo d'acero (5g)
½ cucchiaino estratto di vaniglia (2-3g)
2 cucchiaio/i Yogurt greco (30g)
30g proteine in polvere

2. Preparazione:

Metti tutti gli ingredienti in un mixer e frulla fino a raggiungere una consistenza cremosa.

3. Elementi nutrizionali (per circa 100ml di composto):

Contiene calcio, ferro;

Calorie: 111	Calorie: 333
Calorie da grassi: 29	Calorie da grassi: 86
Grassi: 3.2g	Grassi: 9.5g
Grassi saturi: 0.7g	Grassi saturi: 2.1g
Colesterolo: 21mg	Colesterolo: 64mg
Sodio: 58mg	Sodio: 175mg
Potassio: 182mg	Potassio: 547mg
Carboidrati totali: 9.3g	Carboidrati totali: 27.9g
Fibra: 0.8g	Fibra: 2.6g
Zucchero: 5.1g	Zucchero: 15.3g
Proteine: 11.1g	Proteine: 33.5g

2. Frullato Menta piperita Farina d'avena

Tempo di preparazione: 5 minuti
Porzioni: 5

1. Ingredienti:

70g farina d'avena
30g fiocchi di crusca
300ml latte
50g menta piperita
½ cucchiaino estratto di menta piperita(3g)
30g gelato (vaniglia/cioccolato)
50g proteine in polvere (cioccolato)

2. Preparazione:

Mescola tutti gli ingredienti in un mixer fino ad ottenere un composto cremoso.

3. Elementi nutrizionali (per circa 100ml di composto):

Contiene Vitamina A, calcio, ferro.

Calorie: 180	Calorie: 900
Calorie da grassi: 51	Calorie da grassi: 253
Grassi: 5.6g	Grassi: 28.1g
Grassi saturi: 2.9g	Grassi saturi: 14.4g
Colesterolo: 30mg	Colesterolo: 151mg
Sodio: 111mg	Sodio: 555mg
Potassio: 179mg	Potassio: 869mg
Carboidrati totali: 20.7g	Carboidrati totali: 104g
Fibra: 2.5g	Fibra: 12.4g
Zucchero: 6.2g	Zucchero: 31.2g
Proteine: 12.6g	Proteine: 63.2g

3. Frullato alla Cannella

Tempo di preparazione: 5 minuti
Porzioni: 3

1. Ingredienti:

240ml latte
¼ cucchiaio/i cannella (4g)
½ cucchiaino estratto di vaniglia (3g)
2 cucchiaio/i gelato alla vaniglia (30g)
2 cucchiaio/i avena (30g)
50g proteine in polvere

2. Preparazione:

Mescola tutti gli ingredienti in un mixer fino ad ottenere un composto cremoso.

3. Elementi nutrizionali (per circa 100g di composto):

Contiene Vitamina A, calcio, ferro.

Calorie: 131	Calorie: 342
Calorie da grassi: 30	Calorie da grassi: 89
Grassi: 3.3g	Grassi: 9.9g
Grassi saturi: 1.8g	Grassi saturi: 5.4g
Colesterolo: 42mg	Colesterolo: 127mg
Sodio: 73mg	Sodio: 219mg
Potassio: 158mg	Potassio: 474mg
Carboidrati totali: 10.3g	Carboidrati totali: 31g
Fibra: 1g	Fibra: 3.1g
Zucchero: 4.8g	Zucchero: 14.4g
Proteine: 15.3g	Proteine: 45.9g

4. Frullato alle mandorle

Tempo di preparazione: 5 minuti
Porzioni: 5

1. Ingredienti:

220ml latte di mandorle
120g avena
50g proteine in polvere
80g uva passa
20g mandorle (macinatura)
1 cucchiaio/i burro di arachidi (15g)

2. Preparazione:

Mescola tutti gli ingredienti in un mixer fino ad ottenere un composto cremoso.

3. Elementi nutrizionali (per circa 100g di composto):

Contiene: Vitamina C, ferro, calcio.

Calorie: 241	Calorie: 1207
Calorie da grassi: 61	Calorie da grassi: 304
Grassi: 6.7g	Grassi: 33.7g
Grassi saturi: 1.6g	Grassi saturi: 8g
Colesterolo: 24mg	Colesterolo: 122mg
Sodio: 57mg	Sodio: 283mg
Potassio: 339mg	Potassio: 1693mg
Carboidrati totali: 33.8g	Carboidrati totali: 169g
Fibra: 3.7g	Fibra: 18.5g
Zucchero: 12.5g	Zucchero: 62.3g
Proteine: 13.9g	Proteine: 69.4g

5. Frullato Banana & Mandorle

Tempo di preparazione: 5 minuti
Porzioni: 5

1. Ingredienti:

2 banane
230ml latte di mandorle
20g mandorle (macinatura)
10g pistacchi (macinatura)
40g proteine in polvere

2. Preparazione:

Mescola tutti gli ingredienti in un mixer fino ad ottenere un composto cremoso.

3. Elementi nutrizionali (per circa 100g di composto):

Contiene Vitamina A, C, ferro, calcio.

Calorie: 241	Calorie: 1073
Calorie da grassi: 61	Calorie da grassi: 659
Grassi: 6.7g	Grassi: 73.2g
Grassi saturi: 1.6g	Grassi saturi: 52.1g
Colesterolo: 24mg	Colesterolo: 83mg
Sodio: 57mg	Sodio: 109mg
Potassio: 339mg	Potassio: 1934mg
Carboidrati totali: 33.8g	Carboidrati totali: 78.7g
Fibra: 3.7g	Fibra: 14.8g
Zucchero: 12.5g	Zucchero: 39.4g
Proteine: 13.9g	Proteine: 42.8g

6. Frullato alle bacche selvagge

Tempo di preparazione: 5 minuti
Porzioni: 7

1. Ingredienti:

30g fragole
30g mirtilli
30g lamponi
30g ribes
500ml latte
60g proteine in polvere
1 cucchiaino estratto di vaniglia (5g)
1 cucchiaino estratto di limone (5g)

2. Preparazione:

Mescola tutti gli ingredienti in un mixer fino ad ottenere un composto cremoso. Puoi anche aggiungere qualche cubetto di ghiaccio al composto.

3. Elementi nutrizionali (per circa 100g di composto):

Contiene Vitamina A, C, ferro, calcio.

Calorie: 78	Calorie: 549
Calorie da grassi: 19	Calorie da grassi: 131
Grassi: 2.1g	Grassi: 14.6g
Grassi saturi: 1.2g	Grassi saturi: 8.1g
Colesterolo: 24mg	Colesterolo: 167mg
Sodio: 50mg	Sodio: 351mg
Potassio: 119mg	Potassio: 832mg
Carboidrati totali: 6.7g	Carboidrati totali: 46.9g
Fibra: 0.7g	Fibra: 4.6g
Zucchero: 4.7g	Zucchero: 33g
Proteine: 8.7g	Proteine: 61g

7. Frullato di fragole

Tempo di preparazione: 5 minuti
Porzioni: 5

1. Ingredienti:

30g fragole
100g Yogurt greco
200ml latte
40g proteine in polvere
2 uova
20g dolcificante (miele/ zucchero di canna)
cubetti di ghiaccio
1 cucchiaino estratto di vaniglia (5g)

2. Preparazione:

Mescola tutti gli ingredienti in un mixer fino ad ottenere un composto cremoso.

Lo yogurt greco può avere diversi aromi come vaniglia o fragola, o semplicemente yogurt bianco. Scegli tu tra tutti i sapori.

3. Elementi nutrizionali (per circa 100g di composto):

Contiene Vitamina A, C, ferro, calcio.

Calorie: 96	Calorie: 508
Calorie da grassi: 32	Calorie da grassi: 157
Grassi: 3.5g	Grassi: 17.4g
Grassi saturi: 1.6g	Grassi saturi: 8g
Colesterolo: 87mg	Colesterolo: 433mg
Sodio: 65mg	Sodio: 326mg
Potassio: 131mg	Potassio: 656mg
Carboidrati totali: 9.2g	Carboidrati totali: 45.9g
Fibra: 2.5g	Fibra: 12.4g
Zucchero: 3.4g	Zucchero: 17.2g
Proteine: 11.3g	Proteine: 56.6g

8. Frullato fragole e vaniglia

Tempo di preparazione: 5 minuti
Porzioni: 7

1. Ingredienti:

100g fragole
1 banana
1 cucchiaino estratto di vaniglia (5g)
1 cucchiaio/i estratto di fragole(15g)
50g avena
200ml latte
5 uova
Cubetti di ghiaccio

2. Preparazione:

Mescola tutti gli ingredienti in un mixer fino ad ottenere un composto cremoso.

3. Elementi nutrizionali (per circa 100g di composto):

Contiene Vitamina A, C, ferro, calcio.

Calorie: 112	Calorie: 782
Calorie da grassi: 39	Calorie da grassi: 271
Grassi: 4.3g	Grassi: 30.1g
Grassi saturi: 1.4g	Grassi saturi: 10.1g
Colesterolo: 119mg	Colesterolo: 835mg
Sodio: 59mg	Sodio: 421mg
Potassio: 170mg	Potassio: 1189mg
Carboidrati totali: 11.7g	Carboidrati totali: 82g
Fibra: 1.4g	Fibra: 10.1g
Zucchero: 4.6g	Zucchero: 32.5g
Proteine: 6.1g	Proteine: 43g

9. Frullato Fragola & Nocciole

Tempo di preparazione: 5 minuti
Porzioni: 4

1. Ingredienti:

50g fragole
50g mix nocciole (trito)
200ml latte
100g Yogurt greco
2 cucchiaio/i avena (30g)

2. Preparazione:

Mescola tutti gli ingredienti in un mixer fino ad ottenere un composto cremoso.

3. Elementi nutrizionali (per circa 100g di composto):

Contiene Vitamina A, C, ferro, calcio.

Calorie: 140	Calorie: 417
Calorie da grassi: 81	Calorie da grassi: 324
Grassi: 9g	Grassi: 36g
Grassi saturi: 1.4g	Grassi saturi: 5.4g
Colesterolo: 1mg	Colesterolo: 5mg
Sodio: 80mg	Sodio: 321mg
Potassio: 125mg	Potassio: 499mg
Carboidrati totali: 9.2g	Carboidrati totali: 36.9g
Fibra: 1.4g	Fibra: 5.5g
Zucchero: 4.3g	Zucchero: 17.1g
Proteine: 6.9g	Proteine: 27.6g

10. Frullato al Lampone

Tempo di preparazione: 5 minuti
Porzioni: 4

1. Ingredienti:

50g proteine in polvere
100g lamponi
30g fragole
50g panna acida
200ml latte
1 cucchiaino estratto di lime (5g)

2. Preparazione:

Mescola tutti gli ingredienti in un mixer fino ad ottenere un composto cremoso.

3. Elementi nutrizionali (per circa 100g di composto):

Contiene Vitamina A, C, B-12, ferro, calcio.

Calorie: 116	Calorie: 465
Calorie da grassi: 41	Calorie da grassi: 166
Grassi: 4.6g	Grassi: 18.4g
Grassi saturi: 2.6g	Grassi saturi: 10.6g
Colesterolo: 36mg	Colesterolo: 143mg
Sodio: 54mg	Sodio: 214mg
Potassio: 168mg	Potassio: 670mg
Carboidrati totali: 8.1g	Carboidrati totali: 32.5g
Fibra: 1.8g	Fibra: 7.1g
Zucchero: 4.2g	Zucchero: 16.8g
Proteine: 11.4g	Proteine: 45.5g

11. Frullato al Mirtillo

Tempo di preparazione: 5 minuti
Porzioni: 6

1. Ingredienti:

250g mirtilli
50g panna acida
80g avena
100ml latte di cocco
160g purea di zucca
Cannella, granella di nocciole per guarnire

2. Preparazione:

Mescola tutti gli ingredienti in un mixer fino ad ottenere un composto cremoso.

3. Elementi nutrizionali (per circa 100g di composto):

Contiene Vitamina A, C, ferro, calcio.

Calorie: 140	Calorie: 641
Calorie da grassi: 62	Calorie da grassi: 371
Grassi: 6.9g	Grassi: 41.2g
Grassi saturi: 4.8g	Grassi saturi: 29.1g
Colesterolo: 4mg	Colesterolo: 22mg
Sodio: 9mg	Sodio: 56mg
Potassio: 192mg	Potassio: 1150mg
Carboidrati totali: 18.5g	Carboidrati totali: 112g
Fibra: 3.5g	Fibra: 21g
Zucchero: 5.7g	Zucchero: 34.4g
Proteine: 3g	Proteine: 18.1g

12. Frullato al Burro di arachidi

Tempo di preparazione: 5 minuti
Porzioni: 6

1. *Ingredienti:*

300ml latte di mandorle
50g burro di arachidi
50g mix nocciole
6 albumi
1 cucchiaino estratto di burro (5g)

2. *Preparazione:*

Mescola tutti gli ingredienti in un mixer fino ad ottenere un composto cremoso.

3. *Elementi nutrizionali (per circa 100g di composto):*

Contiene Vitamina C, ferro, calcio.

Calorie: 236	Calorie: 1415
Calorie da grassi: 191	Calorie da grassi: 1148
Grassi: 21.3g	Grassi: 127.6g
Grassi saturi: 12.2g	Grassi saturi: 73.1g
Colesterolo: 0mg	Colesterolo: 0mg
Sodio: 109mg	Sodio: 656mg
Potassio: 241mg	Potassio: 1448mg
Carboidrati totali: 6.2g	Carboidrati totali: 37.2g
Fibra: 2g	Fibra: 11.9g
Zucchero: 3.1g	Zucchero: 18.5g
Proteine: 8.3g	Proteine: 50.2g

13. Frullato Burro di arachidi & Banana

Tempo di preparazione: 5 minuti
Porzioni: 7

1. Ingredienti:

250ml latte di mandorle
2 banane
30g burro di arachidi
5 uova
2 cucchiaini miele (10g)
1 cucchiaino estratto di vaniglia (5g)

2. Preparazione:

Mescola tutti gli ingredienti in un mixer fino ad ottenere un composto cremoso.

3. Elementi nutrizionali (per circa 100g di composto):

Contiene Vitamina A, C, ferro, calcio.

Calorie: 191	Calorie: 1339
Calorie da grassi: 126	Calorie da grassi: 884
Grassi: 14g	Grassi: 98.2g
Grassi saturi: 9.1g	Grassi saturi: 63.9g
Colesterolo: 117mg	Colesterolo: 818mg
Sodio: 70mg	Sodio: 487mg
Potassio: 288mg	Potassio: 2015mg
Carboidrati totali: 12.5g	Carboidrati totali: 87.6g
Fibra: 1.9g	Fibra: 13.5g
Zucchero: 7.7g	Zucchero: 53.9g
Proteine: 6.2g	Proteine: 43.6g

14. Frullato Burro di arachidi & Cioccolato

Tempo di preparazione: 5 minuti

Porzioni: 3

1. Ingredienti:

2 cucchiaio/i polvere di cacao (30g)
30g burro di arachidi
250ml latte di mandorle
50g proteine in polvere

2. Preparazione:

Mescola tutti gli ingredienti in un mixer fino ad ottenere un composto cremoso.

3. Elementi nutrizionali (per circa 100g di composto):

Contiene Vitamina C, ferro, calcio.

Calorie: 326	Calorie: 977
Calorie da grassi: 240	Calorie da grassi: 719
Grassi: 26.6g	Grassi: 79.9g
Grassi saturi: 19.7g	Grassi saturi: 59.1g
Colesterolo: 35mg	Colesterolo: 104mg
Sodio: 89mg	Sodio: 267mg
Potassio: 472mg	Potassio: 1415mg
Carboidrati totali: 10.6g	Carboidrati totali: 31.8g
Fibra: 3.5g	Fibra: 10.6g
Zucchero: 4.3g	Zucchero: 13g
Proteine: 17g	Proteine: 51g

15. Frullato al Cioccolato

Tempo di preparazione: 5 minuti
Porzioni: 6

1. Ingredienti:

3 cucchiaio/i polvere di cacao (45g)
250ml latte
120ml purea di zucca
1 cucchiaino estratto di vaniglia (5g)
5 uova

2. Preparazione:

Mescola tutti gli ingredienti in un mixer fino ad ottenere un composto cremoso.

3. Elementi nutrizionali (per circa 100g di composto):

Contiene Vitamina A, C, ferro, calcio

Calorie: 89	Calorie: 534
Calorie da grassi: 44	Calorie da grassi: 267
Grassi: 4.9g	Grassi: 29.6g
Grassi saturi: 1.9g	Grassi saturi: 11.4g
Colesterolo: 140mg	Colesterolo: 840mg
Sodio: 73mg	Sodio: 439mg
Potassio: 185mg	Potassio: 1112mg
Carboidrati totali: 5.6g	Carboidrati totali: 33.8g
Fibra: 1.4g	Fibra: 8.4g
Zucchero: 3g	Zucchero: 18.2g
Proteine: 6.7g	Proteine: 40.4g

16. Cioccolato & Mandorla

Tempo di preparazione: 5 minuti

Porzioni: 5

1. Ingredienti:

2 cucchiaio/i cioccolato pudding (30g)
50g mandorla (trito)
300ml latte
40g proteine in polvere
1 cucchiaino sciroppo di amaretto (5g)

2. Preparazione:

Mescola tutti gli ingredienti in un mixer fino ad ottenere un composto cremoso.

3. Elementi nutrizionali (per circa 100g di composto):

Contiene Vitamina A, ferro, calcio.

Calorie: 131	Calorie: 656
Calorie da grassi: 61	Calorie da grassi: 303
Grassi: 6.8g	Grassi: 33.7g
Grassi saturi: 1.4g	Grassi saturi: 6.9g
Colesterolo: 22mg	Colesterolo: 109mg
Sodio: 70mg	Sodio: 351mg
Potassio: 154mg	Potassio: 770mg
Carboidrati totali: 9g	Carboidrati totali: 45.2g
Fibra: 1.3g	Fibra: 6.5g
Zucchero: 3.5g	Zucchero: 17.2g
Proteine: 9.9g	Proteine: 49.3g

17. Frullato Caramello e nocciole

Tempo di preparazione: 5 minuti
Porzioni: 4

1. Ingredienti:

50g nocciole(trito)
1 cucchiaino sciroppo di caramello (5g)
1 cucchiaino sciroppo d'acero (5g)
250ml latte di mandorle
50g proteine in polvere

2. Preparazione:

Mescola tutti gli ingredienti in un mixer fino ad ottenere un composto cremoso.

3. Elementi nutrizionali (per circa 100g di composto):

Contiene Vitamina C, ferro, calcio.

Calorie: 307	Calorie: 1228
Calorie da grassi: 211	Calorie da grassi: 844
Grassi: 23.4g	Grassi: 93.8g
Grassi saturi: 14.3g	Grassi saturi: 57.3g
Colesterolo: 26mg	Colesterolo: 104mg
Sodio: 37mg	Sodio: 148mg
Potassio: 326mg	Potassio: 1303mg
Carboidrati totali: 15.5g	Carboidrati totali: 61.8g
Fibra: 2.6g	Fibra: 10.4g
Zucchero: 11g	Zucchero: 44.1g
Proteine: 12.2g	Proteine: 49g

18. Frullato di Prugna

Tempo di preparazione: 5 minuti

Porzioni: 8

1. Ingredienti:

200g prugna
50g uva passa
200ml latte
4 uova
100g quark
70g avena

2. Preparazione:

Mescola tutti gli ingredienti in un mixer fino ad ottenere un composto cremoso.

3. Elementi nutrizionali (per circa 100g di composto):

Contiene Vitamina A, C, ferro, calcio.

Calorie: 122	Calorie: 975
Calorie da grassi: 43	Calorie da grassi: 340
Grassi: 4.7g	Grassi: 37.8g
Grassi saturi: 1.8g	Grassi saturi: 14.3g
Colesterolo: 87mg	Colesterolo: 699mg
Sodio: 62mg	Sodio: 499mg
Potassio: 149mg	Potassio: 1190mg
Carboidrati totali: 14.7g	Carboidrati totali: 117g
Fibra: 1.3g	Fibra: 10.7g
Zucchero: 7.2g	Zucchero: 57.7g
Proteine: 6.2g	Proteine: 49.7g

19. Frullato Tropicale

Tempo di preparazione: 5 minuti
Porzioni: 5

1. Ingredienti:

1 banana
150g ananas
40g mango
200ml latte di cocco
1 cucchiaino miele (5g)
50g proteine in polvere

2. Preparazione:

Mescola tutti gli ingredienti in un mixer fino ad ottenere un composto cremoso.

3. Elementi nutrizionali (per circa 100g di composto):

Contiene Vitamina A, C, ferro, calcio.

Calorie: 178	Calorie: 889
Calorie da grassi: 94	Calorie da grassi: 468
Grassi: 10.4g	Grassi: 52g
Grassi saturi: 8.9g	Grassi saturi: 44.6g
Colesterolo: 21mg	Colesterolo: 104mg
Sodio: 25mg	Sodio: 124mg
Potassio: 294mg	Potassio: 1468mg
Carboidrati totali: 15.3g	Carboidrati totali: 76.4g
Fibra: 2.1g	Fibra: 10.3g
Zucchero: 9.9g	Zucchero: 49.2g
Proteine: 8.5g	Proteine: 42.7g

20. Frullato di Pesca

Tempo di preparazione: 5 minuti
Porzioni: 8

1. Ingredienti:

6 pesche
300ml latte
140g mandarini
30g avena
4 uova

2. Preparazione:

Mescola tutti gli ingredienti in un mixer fino ad ottenere un composto cremoso.

3. Elementi nutrizionali (per circa 100g di composto):

Contiene Vitamina A, C, ferro, calcio.

Calorie: 70	Calorie: 839
Calorie da grassi: 20	Calorie da grassi: 245
Grassi: 2.3g	Grassi: 27.3g
Grassi saturi: 0.3g	Grassi saturi: 9.7g
Colesterolo: 57mg	Colesterolo: 680mg
Sodio: 34mg	Sodio: 405mg
Potassio: 137mg	Potassio: 1639mg
Carboidrati totali: 9.5g	Carboidrati totali: 115g
Fibra: 1g	Fibra: 12.4g
Zucchero: 7.2g	Zucchero: 86.2g
Proteine: 3.5g	Proteine: 41.6g

21. Frullato Prugna & Limone

Tempo di preparazione: 5 minuti
Porzioni: 6

1. Ingredienti:

150g prugne
2 limoni (succo)
2 cucchiaini miele (10g)
200ml latte
Cubetti di ghiaccio
150g Yogurt greco
4 uova

2. Preparazione:

Mescola tutti gli ingredienti in un mixer fino ad ottenere un composto cremoso.

3. Elementi nutrizionali (per circa 100g di composto):

Contiene Vitamina A, C, ferro, calcio.

Calorie: 74	Calorie: 589
Calorie da grassi: 29	Calorie da grassi: 228
Grassi: 3.2g	Grassi: 25.3g
Grassi saturi: 1.3g	Grassi saturi: 10.3g
Colesterolo: 85mg	Colesterolo: 679mg
Sodio: 50mg	Sodio: 397mg
Potassio: 111mg	Potassio: 890mg
Carboidrati totali: 6.4g	Carboidrati totali: 51.2g
Fibra: 0.6g	Fibra: 4.6g
Zucchero: 5.1g	Zucchero: 40.9g
Proteine: 5.8g	Proteine: 45.9g

22. Frullato di Ananas

Tempo di preparazione: 5 minuti
Porzioni: 6

1. Ingredienti:

300g ananas
200ml latte di mandorle
30g lamponi
30g avena
1 lime (succo)
40g proteine in polvere

2. Preparazione:

Mescola tutti gli ingredienti in un mixer fino ad ottenere un composto cremoso.

3. Elementi nutrizionali (per circa 100g di composto):

Contiene Vitamina A, C, ferro, calcio.

Calorie: 153	Calorie: 920
Calorie da grassi: 80	Calorie da grassi: 481
Grassi: 8.9g	Grassi: 53.4g
Grassi saturi: 7.4g	Grassi saturi: 44.5g
Colesterolo: 14mg	Colesterolo: 83mg
Sodio: 18mg	Sodio: 109mg
Potassio: 218mg	Potassio: 1309mg
Carboidrati totali: 14.4g	Carboidrati totali: 86.3g
Fibra: 2.6g	Fibra: 15.5g
Zucchero: 6.7g	Zucchero: 40.3g
Proteine: 6.6g	Proteine: 39.6g

23. Frullato di Arancia

Tempo di preparazione: 5 minuti

Porzioni: 8

1. Ingredienti:

5 arance
10 uova
2 cucchiaio/i miele

2. Preparazione:

Mescola tutti gli ingredienti in un mixer fino ad ottenere un composto cremoso.

3. Elementi nutrizionali (per circa 100g di composto):

Contiene Vitamina A, C, ferro, calcio.

Calorie: 85	Calorie: 1189
Calorie da grassi: 29	Calorie da grassi: 404
Grassi: 3.2g	Grassi: 44.8g
Grassi saturi: 1g	Grassi saturi: 13.8g
Colesterolo: 117mg	Colesterolo: 1637mg
Sodio: 44mg	Sodio: 618mg
Potassio: 163mg	Potassio: 2277mg
Carboidrati totali: 10.4g	Carboidrati totali: 146g
Fibra: 1.6g	Fibra: 22.2g
Zucchero: 8.8g	Zucchero: 123.9g
Proteine: 4.6g	Proteine: 64.1g

24. Pinna Colada

Tempo di preparazione: 5 minuti
Porzioni: 8

1. Ingredienti:

200g ananas
200g latte di cocco
50g avena
300ml latte
4 uova

2. Preparazione:

Mescola tutti gli ingredienti in un mixer fino ad ottenere un composto cremoso.

3. Elementi nutrizionali (per circa 100g di composto):

Contiene Vitamina A, C, ferro, calcio.

Calorie: 128	Calorie: 1155
Calorie da grassi: 75	Calorie da grassi: 675
Grassi: 8.3g	Grassi: 75g
Grassi saturi: 5.8g	Grassi saturi: 52.1g
Colesterolo: 76mg	Colesterolo: 680mg
Sodio: 48mg	Sodio: 428mg
Potassio: 149mg	Potassio: 1339mg
Carboidrati totali: 9.8g	Carboidrati totali: 87.8g
Fibra: 1.1g	Fibra: 12.2g
Zucchero: 4.7g	Zucchero: 42.2g
Proteine: 4.9g	Proteine: 44.5g

25. Frullato alla Mela

Tempo di preparazione: 5 minuti
Porzioni: 3

1. Ingredienti:

350g mela
1 cucchiaino cannella
200ml latte di mandorle
2 cucchiaino estratto di vaniglia
40g proteine in polvere

2. Preparazione:

Mescola tutti gli ingredienti in un mixer fino ad ottenere un composto cremoso.

3. Elementi nutrizionali (per circa 100g di composto):

Contiene Vitamina C, ferro, calcio.

Calorie: 139	Calorie: 833
Calorie da grassi: 77	Calorie da grassi: 463
Grassi: 8.6g	Grassi: 51.4g
Grassi saturi: 7.4g	Grassi saturi: 44.1g
Colesterolo: 14mg	Colesterolo: 83mg
Sodio: 18mg	Sodio: 106mg
Potassio: 193mg	Potassio: 1157mg
Carboidrati totali: 11.2g	Carboidrati totali: 67.3g
Fibra: 2.3g	Fibra: 14.2g
Zucchero: 7.6g	Zucchero: 45.5g
Proteine: 5.7g	Proteine: 34.3g

26. Frullato di Uovo

Tempo di preparazione: 5 minuti
Porzioni: 8

1. Ingredienti:

10 uova
300ml latte
100g Yogurt greco
2 cucchiaio/i miele (30g)
50g avena

2. Preparazione:

Mescola tutti gli ingredienti in un mixer fino ad ottenere un composto cremoso.

3. Elementi nutrizionali (per circa 100g di composto):

Contiene Vitamina A, ferro, calcio.

Calorie: 131	Calorie: 1176
Calorie da grassi: 55	Calorie da grassi: 498
Grassi: 6.1g	Grassi: 55.3g
Grassi saturi: 2.2g	Grassi saturi: 19.5g
Colesterolo: 185mg	Colesterolo: 1667mg
Sodio: 89mg	Sodio: 799mg
Potassio: 123mg	Potassio: 1111mg
Carboidrati totali: 10.1g	Carboidrati totali: 91.1g
Fibra: 0.6g	Fibra: 5.1g
Zucchero: 6.3g	Zucchero: 56.3g
Proteine: 9.1g	Proteine: 82.2g

27. Frullato di Zucca

Tempo di preparazione: 5 minuti
Porzioni: 6

1. Ingredienti:

300g zucca
300g lamponi
50g panna acida
200ml latte di mandorle
40g proteine in polvere

2. Preparazione:

Mescola tutti gli ingredienti in un mixer fino ad ottenere un composto cremoso.

3. Elementi nutrizionali (per circa 100g di composto):

Contiene Vitamina A, C, ferro, calcio.

Calorie: 123	Calorie: 986
Calorie da grassi: 72	Calorie da grassi: 576
Grassi: 8g	Grassi: 64g
Grassi saturi: 6.4g	Grassi saturi: 51.1g
Colesterolo: 13mg	Colesterolo: 105mg
Sodio: 18mg	Sodio: 146mg
Potassio: 238mg	Potassio: 1903mg
Carboidrati totali: 9.8g	Carboidrati totali: 78.2g
Fibra: 4.1g	Fibra: 32.7g
Zucchero: 3.9g	Zucchero: 31.2g
Proteine: 5.2g	Proteine: 41.7g

28. Frullato di Barbabietole

Tempo di preparazione: 5 minuti

Porzioni: 6

1. Ingredienti:

300g barbabietole
50g prezzemolo
80g mirtilli
200ml latte
60g proteine in polvere

2. Preparazione:

Mescola tutti gli ingredienti in un mixer fino ad ottenere un composto cremoso.

3. Elementi nutrizionali (per circa 100g di composto):

Contiene Vitamina A, C, ferro, calcio.

Calorie: 89	Calorie: 531
Calorie da grassi: 14	Calorie da grassi: 81
Grassi: 1.5g	Grassi: 9g
Grassi saturi: 0.7g	Grassi saturi: 4.5g
Colesterolo: 24mg	Colesterolo: 142mg
Sodio: 77mg	Sodio: 464mg
Potassio: 285mg	Potassio: 1711mg
Carboidrati totali: 10.3g	Carboidrati totali: 61.9g
Fibra: 1.6g	Fibra: 9.6g
Zucchero: 7.2g	Zucchero: 43.3g
Proteine: 9.5g	Proteine: 56.8g

29. Frullato di Noce di cocco

Tempo di preparazione: 5 minuti
Porzioni: 5

1. Ingredienti:

100ml latte di cocco
200ml latte
100g Yogurt greco
50g proteine in polvere
1 cucchiaino estratto di noce di cocco
30g fiocchi di cocco

2. Preparazione:

Mescola tutti gli ingredienti in un mixer fino ad ottenere un composto cremoso.

3. Elementi nutrizionali (per circa 100g di composto):

Contiene Vitamina A, C, ferro, calcio.

Calorie: 145	Calorie: 723
Calorie da grassi: 78	Calorie da grassi: 391
Grassi: 8.7g	Grassi: 43.4g
Grassi saturi: 7.2g	Grassi saturi: 35.9g
Colesterolo: 25mg	Colesterolo: 126mg
Sodio: 48mg	Sodio: 241mg
Potassio: 184mg	Potassio: 922mg
Carboidrati totali: 6.2g	Carboidrati totali: 30.8g
Fibra: 1g	Fibra: 4.9g
Zucchero: 4.1g	Zucchero: 20.6g
Proteine: 11.1g	Proteine: 55.8g

30. Frullato al Mango

Tempo di preparazione: 5 minuti
Porzioni: 8

1. Ingredienti:

3 mango
1 banana
50g fragole
300ml latte
1 lime succo
6 uova

2. Preparazione:

Mescola tutti gli ingredienti in un mixer fino ad ottenere un composto cremoso.

3. Elementi nutrizionali (per circa 100g di composto):

Contiene Vitamina A, C, ferro, calcio.

Calorie: 87	Calorie: 874
Calorie da grassi: 31	Calorie da grassi: 306
Grassi: 3.4g	Grassi: 34g
Grassi saturi: 1.2g	Grassi saturi: 12.3g
Colesterolo: 101mg	Colesterolo: 1007mg
Sodio: 52mg	Sodio: 524mg
Potassio: 155mg	Potassio: 1549mg
Carboidrati totali: 10.3g	Carboidrati totali: 103g
Fibra: 1g	Fibra: 9.7g
Zucchero: 7.8g	Zucchero: 78.5g
Proteine: 4.7g	Proteine: 46.7g

31. Frullato di Anguria

Tempo di preparazione: 5 minuti
Porzioni: 6

1. Ingredienti:

300g anguria
200g cantalupo
200ml acqua
1 cucchiaino estratto di vaniglia
50g panna acida
50g proteine in polvere

2. Preparazione:

Mescola tutti gli ingredienti in un mixer fino ad ottenere un composto cremoso.

3. Elementi nutrizionali (per circa 100g di composto):

Contiene Vitamina A, C, ferro, calcio.

Calorie: 59	Calorie: 471
Calorie da grassi: 16	Calorie da grassi: 128
Grassi: 1.8g	Grassi: 14.2g
Grassi saturi: 1g	Grassi saturi: 8.3g
Colesterolo: 16mg	Colesterolo: 126mg
Sodio: 20mg	Sodio: 158mg
Potassio: 154mg	Potassio: 1230mg
Carboidrati totali: 5.9g	Carboidrati totali: 47.5g
Fibra: 0g	Fibra: 3g
Zucchero: 4.5g	Zucchero: 36.2g
Proteine: 5.1g	Proteine: 40.7g

32. Frullato al Yogurt greco

Tempo di preparazione: 5 minuti
Porzioni: 6

1. Ingredienti:

300g Yogurt greco
100g latte di cocco
2 cucchiaio/i miele (30g)
40g uva passa
200ml latte di mandorle

2. Preparazione:

Mescola tutti gli ingredienti in un mixer fino ad ottenere un composto cremoso.

3. Elementi nutrizionali (per circa 100g di composto):

Contiene Vitamina A, C, ferro, calcio.

Calorie: 167	Calorie: 1169
Calorie da grassi: 101	Calorie da grassi: 706
Grassi: 11.2g	Grassi: 78.4g
Grassi saturi: 9.8g	Grassi saturi: 68.5g
Colesterolo: 2mg	Colesterolo: 15mg
Sodio: 21mg	Sodio: 149mg
Potassio: 220mg	Potassio: 1541mg
Carboidrati totali: 13.6g	Carboidrati totali: 95.1g
Fibra: 1.2g	Fibra: 8.2g
Zucchero: 11.5g	Zucchero: 80.3g
Proteine: 5.5g	Proteine: 38.3g

33. Frullato Caffè & Banana

Tempo di preparazione: 5 minuti

Porzioni: 6

1. Ingredienti:

25g caffè (macinatura)
2 banane
150ml latte di mandorle
20g burro di arachidi
100ml acqua
5 uova

2. Preparazione:

Mescola tutti gli ingredienti in un mixer fino ad ottenere un composto cremoso.

3. Elementi nutrizionali (per circa 100g di composto):

Contiene Vitamina A, C, ferro, calcio.

Calorie: 142	Calorie: 992
Calorie da grassi: 89	Calorie da grassi: 621
Grassi: 9.9g	Grassi: 69g
Grassi saturi: 5.9g	Grassi saturi: 41.4g
Colesterolo: 117mg	Colesterolo: 818mg
Sodio: 61mg	Sodio: 429mg
Potassio: 240mg	Potassio: 1683mg
Carboidrati totali: 9.7g	Carboidrati totali: 68g
Fibra: 1.5g	Fibra: 10.7g
Zucchero: 5.4g	Zucchero: 37.5g
Proteine: 5.5g	Proteine: 38.8g

34. Frullato di Spinaci

Tempo di preparazione: 5 minuti
Porzioni: 7

1. Ingredienti:

200g spinaci
50g prezzemolo
70g lamponi
200ml latte
100ml acqua
50g panna acida
50g proteine in polvere

2. Preparazione:

Mescola tutti gli ingredienti in un mixer fino ad ottenere un composto cremoso.

3. Elementi nutrizionali (per circa 100g di composto):

Contiene Vitamina A, C, ferro, calcio.

Calorie: 72	Calorie: 504
Calorie da grassi: 25	Calorie da grassi: 174
Grassi: 2.8g	Grassi: 19.3g
Grassi saturi: 1.5g	Grassi saturi: 10.8g
Colesterolo: 20mg	Colesterolo: 143mg
Sodio: 58mg	Sodio: 403mg
Potassio: 282mg	Potassio: 1973mg
Carboidrati totali: 5.3g	Carboidrati totali: 37g
Fibra: 1.5g	Fibra: 10.6g
Zucchero: 2.2g	Zucchero: 15.2g
Proteine: 7.4g	Proteine: 52.1g

35. Frullato di Chia

Tempo di preparazione: 5 minuti
Porzioni: 5

1. Ingredienti:

100g semi di chia
200ml latte di mandorle
50 panna acida
50g prezzemolo
100ml acqua
40g proteine in polvere

2. Preparazione:

Mescola tutti gli ingredienti in un mixer fino ad ottenere un composto cremoso.

3. Elementi nutrizionali (per circa 100g di composto):

Contiene Vitamina A, C, ferro, calcio.

Calorie: 174	Calorie: 872
Calorie da grassi: 123	Calorie da grassi: 615
Grassi: 13.7g	Grassi: 68.3g
Grassi saturi: 10g	Grassi saturi: 50.1g
Colesterolo: 20mg	Colesterolo: 99mg
Sodio: 30mg	Sodio: 152mg
Potassio: 260mg	Potassio: 1300mg
Carboidrati totali: 6.2g	Carboidrati totali: 31.2g
Fibra: 3.3g	Fibra: 16.5g
Zucchero: 1.7g	Zucchero: 8.5g
Proteine: 8.4g	Proteine: 42.1g

PASTI PRE-COMPETIZIONE NEL BODYBUILDING

1. Per i più mattinieri

Fai scattare il tuo corpo da uno stato catabolico e con l'aiuto di un alto contenuto di carboidrati per una colazione al forno con tante proteine per ricostituire i muscoli. Mezzo pompelmo e punte di asparagi per fare il pieno di vitamina C.

Ingredienti (1 porzione):

6 albumi

½ tazza di quinoa cotta e mix di riso integrale

3 punte di asparagi, fette

½ pompelmo rosa

1 piccolo peperone rosso, affettato

1 cucchiaio di siero di latte piccante e proteine in polvere

1 spicchio d'aglio, schiacciato

Olio di oliva in spray

Pepe, sale

Tempo di preparazione: 10 minuti

Tempo di cottura: 15-20 minuti

Preparazione:

Riscaldare il forno a 200°C ventilato / gas 6. Ungere leggermente una padella in ghisa con olio d'oliva.

In una ciotola media, sbattere gli albumi con un pizzico di sale e pepe fino a renderli schiumosi.

Aggiungere il riso cotto e quinoa nella padella; versare gli albumi poi i pezzi di asparagi e le fette di peperone.

Cuocere in forno per 15-20 minuti o fino a quando le uova saranno cotte.

Valori nutrizionali per porzione: 407kcal, 52g proteine, 40g carboidrati (5g fibre, 8g zuccheri), 2g grassi, 15% calcio, 12% ferro, 19% magnesio, 26% vitamina A, 63% vitamina C, 48% vitamina K, 12% vitamina B1, 69% vitamina B2, 26% vitamina B9.

2. Scodella energetica

Una colazione con un nome appropriato, la scodella energica combina un alto contenuto di proteine, bianco d'uovo e un rifornimento di energia con la farina d'avena. Le noci aggiungono I grassi ed il miele completa il tutto con una nota di dolcezza.

Ingredienti(1 porzione):

6 bianchi d'uovo

½ tazza farina d'avena istantanea, cotta

1/8 tazza noci

¼ tazza di bacche

1 cucchiaio raso di miele

Cannella

Tempo di preparazione: 10 min

Tempo di cottura: 5 min

Preparazione:

Montare a neve gli albumi fino a renderli schiumosi poi cuocerli in una padella a fuoco basso.

Unire la farina d'avena e gli albumi in una ciotola; aggiungere la cannella e miele grezzo e mescolare.

Ottimo con frutti di bosco, banana e noci.

Valori nutrizionali per porzione: 344kcal, 30g proteine, 33g carboidrati (3g fibre, 23g zuccheri), 11g grassi (2 saturi), 10% ferro, 15% magnesio, 10% vitamina B1, 11% vitamina B2, 15% vitamina B5.

3. Tonno farcito ai peperoni

Questa è una ricetta veloce e nutriente che fornisce un altissimo apporto di vitamina B12. Ricco di proteine, il tonno è una varietà di colazione eccellente per la struttura dei muscoli e se vuoi aggiungere alcuni carboidrati al tuo pasto, un pezzetto di toast integrale è la soluzione ideale.

Ingredienti(2 porzioni):

2 scatole di tonno con acqua (185g), scolato per metà

3 uova sode

1 scalogno, tritato finemente

5 piccoli sottaceti, a dadini

Sale, pepe

4 peperoni, dimezzati, senza semi

Tempo di preparazione: 5 min

Tempo di cottura: 10 minuti

Preparazione:

Mettere insieme il tonno, le uova, lo scalogno, sottaceti e condimenti in un frullatore e mescola fino a renderli una crema.

Riempi le metà dei peperoni con il composto e servi.

Valori nutrizionali per porzione: 480kcal, 46g proteine, 16g grassi (4g saturi), 8g carboidrati (2g fibre, 4g zuccheri), 28% magnesio, 94% vitamina A, 400% vitamina C, 12% vitamina E, 67% vitamina K, 18% vitamina B1, 32% vitamina B2, 90% vitamina B3, 20% vitamina B5, 56% vitamina B6, 18% vitamina B9, 284% vitamina B12.

4. Yogurt Greco con semi di lino e mela

Scostati per un attimo dal tradizionale uovo bianco per la costruzione muscolare a colazione, e prova alcuni alimenti con alto contenuto di proteine come lo yogurt Greco aromatizzato alla mela. Aggiungi dei semi di lino per aumentare 'apporto di fibre, dopo averli tenuti in ammollo tutta la notte per renderli morbidi e digeribili.

Ingredienti (1 porzione):

1 tazza yogurt greco

1 mela, a fette sottili

2 cucchiai di semi di lino

¼ cucchiaino di cannella

1 cucchiaino di Stevia

Una spruzzata di sale

Tempo di preparazione: 5 min

Tempo di cottura: 45 minuti

Preparazione:

Preriscaldare il forno a 190°C ventilato / gas 5. Posizionare le fette di mela in una padella antiaderente, cospargere con cannella, Stevia e un pizzico di sale, coprirle e cuocere per 45 min / finché diventano tenere. Toglierli dal forno e lasciare raffreddare per 30 minuti.

Mettere lo yogurt greco in una ciotola poi riempire con mele e semi di lino e servire.

Valori nutrizionali per porzione: 422kcal, 22g proteine, 39g carboidrati (7g fibre, 22 g zuccheri), 21g grassi (8 g saturi), 14% calcio, 22% magnesio, 14% vitamina C, 24% vitamina B1, 13% vitamina B12.

5. Anelli di peperoni con "Forma di Semola"

Un pasto gustoso e speciale, gli anelli di peperone con forma di semola per i tuoi muscoli ti darà molta energia per tutta la giornata. Piena di colori e di sostanze nutritive, questa colazione ha un'elevata quantità di vitamina B1.

Ingredienti(1 porzione):

6 bianchi d'uovo

2 uova

¼ tazza farina di riso

1 tazza di spinaci crudi

½ peperone verde

1 tazza di pomodorini

Uno spruzzo di olio d'oliva

Sale, pepe

Tempo di preparazione: 10 min

Tempo di cottura: 15 min

Preparazione:

Monta a neve gli albumi con un pizzico di sale e pepe fino a renderli schiumose. Scalda l'olio in una padella antiaderente e cuoci gli albumi e la farina. Aggiungi gli spinaci, mescola e cuoci fino a quando gli spinaci si sono appassiti.

Spruzza una padella con olio d'oliva e imposta il fuoco medio. Taglia i peperoni in senso orizzontale per creare 2 anelli, mettili nella padella e rompi le uova all'interno dei peperoni. Lascia cuocere fino a quando le uova diventano bianche. Metti il composto di uova, farina e gli anelli di peperone cotti su un piatto e servi con pomodorini.

Valori nutrizionali per porzione : 495kcal, 45g proteine, 45g carboidrati (3g fibre, 7g zuccheri), 11g grassi (3g saturi), 9% calcio, 14% ferro, 20% magnesio, 35% vitamina A, 32% vitamina C, 91% vitamina B2, 22% vitamina B5, 12% vitamina B6, 15% vitamina B12.

6. Latte di mandorle dolci

10 minuti è tutto ciò che serve per preparare questo frullato ad alto contenuto di vitamina D e B1. È possibile farne una grande quantità e tenerlo in freezer, scelta perfetta per una colazione veloce.

Ingredienti(2 porzione):

1 tazza di latte di mandorle

1 tazza di frutti di bosco congelati

1 tazza di spinaci

1 cucchiaio dosatore di proteine in polvere al gusto banana

1 cucchiaio di semi di chia

Tempo di preparazione: 10 min

Nessuna cottura

Preparazione:

Mescola assieme tutti gli ingredienti in un frullatore fino a rendere il tutto una crema liscia, metti in 2 bicchieri di vetro e servi.

Valori nutrizionali per porzione: 295kcal, 26g proteine, 32g carboidrati (4g fibre, 13g zuccheri), 9g grassi, 40% calcio, 20% ferro, 12% magnesio, 50% vitamina A, 40% vitamina C, 25% vitamina D, 57% vitamina E, 213% vitamina B1, 18% vitamina B9.

7. Torta di zucca e frittella alle proteine

Dimentica la farina e prova il pancake di avena con una deliziosa aggiunta di zucca fresca. Rovescia un po' di sciroppo privo di calorie e gusta una colazione con alto numero di proteine che ha un sapore buono come un piccolo pasto.

Ingredienti(1 porzione):

1/3 tazza di avena vecchio stile

¼ tazza di zucca

½ tazza di albumi

1 cucchiaio dosatore di proteine in polvere alla cannella

½ cucchiaino di cannella

Olio di oliva spray

Tempo di preparazione: 5 min

Tempo di cottura: 5 min

Preparazione:

Mescola tutti gli ingredienti assieme in una ciotola. Spruzza una padella di medie dimensioni con olio d'oliva quindi metti tutto a fuoco medio.

Versa la pastella, e una volta che vedi delle piccole bolle che appaiono sulla parte superiore della frittella, capovolgi. Quando ogni lato è dorato, togli il pancake e servi.

Valori nutrizionali per porzione: 335kcal, 39g proteine, 37g carboidrati (6g fibre, 1 g zuccheri), 6g grassi, 14% calcio, 15% ferro, 26% magnesio, 60% vitamina A, 26% vitamina B1, 37% vitamina B2, 10% vitamina B5, 31% vitamina B6.

8. Farina d'avena arricchita di proteine

Ecco un'abbondante porzione di carboidrati che ti terrà sazio per ore, mentre la polvere di proteine e mandorle segnerà un inizio di giornata ricco di proteine. Se preferisci la farina d'avena con un gusto fruttato, utilizza le proteine in polvere al gusto di banana.

Ingredienti(1 porzione):

2 pacchetti di farina d'avena istantanea (porzioni da 28g)

¼ tazza di mandorle tritate

1 cucchiaio dosatore di proteine in polvere al siero di latte gusto vaniglia

1 cucchiaino di cannella

Tempo di preparazione: 5 min

Tempo di cottura: 5 min

Preparazione:

Versa la farina d'avena istantanea in una ciotola, mescola con la polvere di proteine e la cannella. Aggiungi acqua calda e mescola. Guarnisci con mandorle tritate e servi.

Valori nutrizionali per porzione: 436kcal, 33g proteine, 45g carboidrati (10g fibre, 4g zuccheri), 15g grassi (1g saturi), 17% calcio, 19% ferro, 37% magnesio, 44% vitamina E, 21% vitamina B1, 21% vitamina B2.

9. Pacchetto di proteine rimestato

Nutri i muscoli e fai un allenamento intenso con questo pasto di ben 51g proteine. Questi i bianchi d'uovo strapazzate con verdure e salsiccia di tacchino hanno il valore aggiunto di essere ricchi di carboidrati e ad alto contenuto di vitamine.

Ingredienti(1 porzione):

8 albumi

2 salsicce di tacchino, tritate

1 cipolla grande, tagliata a dadini

1 tazza di peperoni rossi, a dadini

2 pomodori a dadini

2 tazze di spinaci, tritate

1 cucchiaio di olio di oliva

Sale e pepe

Tempo di preparazione: 10 min

Tempo di cottura: 10-15 minuti

Preparazione:

Frulla gli albumi con un pizzico di sale e pepe fino a renderli schiumosi, quindi mettili da parte.

Scalda l'olio in una grande padella, mettici dentro cipolle e peperoni, e cucinali fino a renderli tenerli. Aggiusta di sale e pepe. Aggiungi della salsiccia di tacchino e cuoci fino a farla dorare, poi abbassa il fuoco ed aggiungi gli albumi e strapazza.

Quando le uova sono più o meno cotte, aggiungi il pomodoro e gli spinaci, cucina per 2 minuti e servi.

Valori nutrizionali per porzione: 475kcal, 51g proteine, 37g carboidrati (10g fibre, 18g zuccheri), 10g grassi (2g saturi), 14% calcio, 23% ferro, 37% magnesio, 255% vitamina A, 516% vitamina C, 25% vitamina E, 397% vitamina K, 22% vitamina B1, 112% vitamina B2, 29% vitamina B3, 19% vitamina B5, 51% vitamina B6, 65% vitamina B9.

10. Frappè di frutta e burro d'arachidi

Quale modo migliore per iniziare la giornata che facendo il pieno di calcio in un frullato al gusto di fragola? Con un alto contenuto di minerali, vitamine, proteine e carboidrati per un rifornimento di energia, questo frullato è un modo perfetto per dare inizio alla giornata.

Ingredienti(1 porzione):

15 fragole di media grandezza

1 1/3 cucchiai di burro d'arachidi

85g di tofu

½ tazza di yogurt magro

¾ tazza di latte scremato

1 misurino di proteine in polvere

8 cubetti di ghiaccio

Tempo di preparazione: 5min

Nessuna cottura

Preparazione:

Versa il latte nel frullatore poi lo yogurt e il resto degli ingredienti. Frulla fino ad ottenere un composto completamente amalgamato e spumoso. Versa in un bicchiere e servi.

Valori nutrizionali per porzione: 472kcal, 45g proteine, 40g carboidrati (6g fibre, 31g zuccheri), 13g grassi (4g saturi), 110% calcio, 35% ferro, 27% magnesio, 30% vitamina A, 190% vitamina C, 11% vitamina E, 13% vitamina B1, 24% vitamina B2, 10% vitamina B5, 18% vitamina B6, 17% vitamina B9, 12% vitamina B12.

11. Muffin di proteine al siero di latte

Con una buona dose di avena e una porzione di proteine al siero di latte gusto cioccolato, questi muffin sono una grande colazione alternativa all'avena. In coppia con un bicchiere di latte, questo pasto ti dà una buona quantità di calcio e Vitamina D oltre che proteine e carboidrati.

Ingredienti(4 muffins-2 porzioni):

1 tazza di fiocchi d'avena

1 uovo grande intero

5 albumi

½ misurino di proteine in polvere al cioccolato

uno spruzzo di olio d'oliva

2 tazze di latte scremato, da servire

Tempo di preparazione: 2 min

Tempo di cottura: 15 min

Preparazione:

Riscalda il forno a 190C elettrico/a gas 5.

Frulla tutti gli ingredienti assieme per 30 secondi. Spruzza la teglia dei muffin con olio d'oliva poi dividi in quattro i muffin. Metti in forno per 15 min.

Togli dal forno, lascia raffreddare e servi con il bicchiere di latte.

Valori nutrizionali per porzione (incluso il latte): 330kcal, 28g proteine, 37g carboidrati (9g fibre, 13g zuccheri), 6g grassi (5g saturi), 37% calcio, 22% ferro, 19% magnesio, 12% vitamina A, 34% vitamina D, 44% vitamina B1, 66% vitamina B2, 25% vitamina B5, 11% vitamina B6, 24% vitamina B12.

12. Salmone affumicato e avocado con toast

Sei in per un allenamento duro e con tempi stretti? Ci vogliono solo 5 minuti per mettere insieme questa colazione salata. Sia il salmone che l'avocado sono ricchi di acidi sani e questo pasto ha abbastanza proteine e carboidrati per tenerti motivato.

Ingredienti(2 porzioni):

300g di salmone affumicato

2 avocado medi maturi, pelati e tagliati

Succo di ½ limone

Una manciata di foglie di dragoncello, tritate

2 fette di pane integrale, tostato

Tempo di preparazione: 5 min

No Tempo di cottura

Preparazione:

Taglia l'avocado a pezzetti e mescola il succo di limone. Torci e piega i pezzi di salmone affumicato, mettili nei piatti, poi cospargi di avocado e dragoncello. Servi con pane di grano intero.

Valori nutrizionali per porzione: 550kcal, 34g proteine, 37g carboidrati (12g fibre, 4g zuccheri), 30g grassi (5g saturi), 17% ferro, 24% magnesio, 25% vitamina C, 27% vitamina E, 42% vitamina K, 16% vitamina B1, 24% vitamina B2, 55% vitamina B3, 35% vitamina B5, 40% vitamina B6, 35% vitamina B9, 81% vitamina B12.

13. Colazione 'Pizza'

Dimentica l'alto contenuto calorico, e le fette di pizza poco nutrienti, e sostituiscili con questo delizioso pasto. Sano e abbondante, ci vogliono solo 20 minuti per prepararlo e non solo ha un alto contenuto di proteine, ma anche di minerali e vitamine.

Ingredienti(1 porzione):

1 piccolo pita di grano intero

3 albumi

1 uovo

¼ tazza di mozzarella con basso contenuto di grassi

1 cipollotto, affettato

¼ tazza funghi, a dadini

¼ tazza peperoni, a dadini

2 fette di pancetta di tacchino, tritata

1 cucchiaio olio di oliva

Sale e pepe

Tempo di preparazione: 10 min

Tempo di cottura: 10 min

Preparazione:

Frulla le uova con un pizzico di sale e pepe e aggiungi le verdure tagliate a cubetti.

Piega i bordi del pane pita per creare una ciotola. Spennella entrambi i lati con l'olio d'oliva e metti il pane pita sulla griglia, lato cupola verso il basso. Cuoci fino a doratura poi capovolgi sul lato opposto.

Versa l'uovo mescola nella pita e cuoci fino a quando l'uovo è sono quasi fatto, aggiungi la pancetta di tacchino, la cipolla ed il formaggio. Cuoci fino a quando il formaggio si sarà sciolto e servi.

Valori nutrizionali per porzione: 350kcal, 33g proteine, 12g carboidrati (3g fibre, 4g zuccheri), 15g grassi (6 saturi), 32% calcio, 19% ferro, 15% magnesio, 36% vitamina A, 88% vitamina C, 72% vitamina K, 21% vitamina B1, 71% vitamina B2, 22% vitamina B3, 14% vitamina B5, 21% vitamina B6, 25% vitamina B9, 29% vitamina B12.

14. Colazione moka messicana

Riempi la tua tazza con l'avena che preferisci e una sana porzione di latte di mandorle e goditi una rapida colazione ricca di fibre. Il pepe di Caienna è perfetto per aggiungere un po' di grinta alla tua farina d'avena.

Ingredienti(1 porzione):

½ tazza farina d'avena

1 misurino di proteine in polvere al cioccolato

½ cucchiaio di cannella

½ cucchiaino di pepe di Cayenna

1 tazza di latte di mandorle non zuccherato

1 cucchiaio di cacao in polvere non zuccherato

Tempo di preparazione: 5 min

Tempo di cottura: 3 min

Preparazione:

Mescola tutti gli ingredienti in una ciotola nel forno a microonde. Riscalda nel forno a microonde per 2 ½ -3 minuti, quindi servi.

Valori nutrizionali per porzione: 304kcal, 27g proteine, 38g carboidrati (8g fibre, 3g zuccheri), 7g grassi, 32% calcio, 15% ferro, 25% magnesio, 10% vitamina A, 25% vitamina D, 51% vitamina E, 12% vitamina B1.

15. Frittelle di mirtilli e limone

Una calda, saziante colazione, questa frittella di mirtilli arricchita dal sapore del limone è un modo semplice e gustoso per ottenere quel pasto ad alta potenza di cui hai bisogno per iniziare la giornata. Stendi un cucchiaio di yogurt greco in cima alla tua frittella, se vuoi.

Ingredienti(1 porzione):

1/3 tazza crusca di avena

5 albumi

½ tazza di mirtilli

1 misurino di proteine del siero del latte in polvere senza gusto

½ cucchiaino bicarbonato di sodio

1 cucchiaino scorza di limone grattugiata

1 cucchiaio limonata

uno spruzzo di olio d'oliva

Tempo di preparazione: 5 min

Tempo di cottura: 5 min

Preparazione:

Unisci tutti gli ingredienti in una grande ciotola, mescola e frulla fino a renderli una crema.

Cuoci l'impasto in una padella spruzzata di olio a temperatura medio-alta finché si formeranno delle bolle in superficie. Capovolgi e cuoci fino a rendere dorato ogni lato. Togli il pancake e servi.

Valori nutrizionali per porzione: 340kcal, 47g proteine, 37g carboidrati (6g fibre, 14g zuccheri), 5g grassi, 10% ferro, 25% magnesio, 12% vitamina C, 19% vitamina K, 26% vitamina B1, 58% vitamina B2.

PRANZO

16. Riso mediterraneo

Versa il tonno in lattina su un piatto delizioso come antipasto perfetto per un pomeriggio di allenamenti. L'elevata quantità di carboidrati ti sosterrà in un allenamento completo e le proteine faranno in modo che i tuoi muscoli recuperino velocemente dopo lo sforzo.

Ingredienti(1 porzione):

1 vasetto di tonno sott'olio, scolato

100g riso integrale

¼ avocado, tritato

¼ cipolla rossa, a fette

succo di mezzo limone

Sale e pepe

Tempo di preparazione: 5 min

Tempo di cottura: 20 min

Preparazione:

Fai bollire il riso integrale per circa 20 minuti e mettilo nel frullatore con la cipolla, il tonno e l'avocado. Aggiungi il succo del limone e frulla tutti gli ingredienti. Aggiusta di sale e pepe e servi.

Valori nutrizionali per porzione: 590kcal, 32g proteine, 80g carboidrati (7g fibre, 1g zuccheri), 14g grassi (5g saturi), 22% ferro, 52% magnesio, 101% vitamina D, 18% vitamina E, 107% vitamina K, 32% vitamina B1, 134% vitamina B3, 26% vitamina B5, 39% vitamina B6, 15% vitamina B9, 63% vitamina B12.

17. Pollo speziato

Il pollo è perfetto per un pasto ad elevato contenuto di proteine per la costruzione del muscolo. Ad alto contenuto di nutrienti su tutta la linea, questo semplice, gustoso pasto può essere accompagnato da una porzione di carboidrati a scelta.

Ingredienti(2 porzioni):

3 polli disossati tagliati a metà

175g yogurt magro

5cm di cetriolo, finemente tritato

2 cucchiai pasta di curry rosso

2 cucchiai di coriandolo, tritato

2 tazze spinaci, da servire.

Tempo di preparazione: 5 min

Tempo di cottura: 35-40 min

Preparazione:

Preriscalda il forno a 190C ventilato / gas 5. Metti il pollo in un piatto in un unico strato. Frulla un terzo dello yogurt, la pasta di curry e due terzi del coriandolo, aggiungi il sale e versa sopra il pollo, facendo attenzione che la carne sia uniformemente rivestita. Lascia agire per 30 minuti (o durante la notte in frigorifero).

Metti il pollo sulla griglia in una teglia per 35-40 minuti, fino a doratura.

Scalda l'acqua in una pentola e fai appassire gli spinaci.

Mescola il resto dello yogurt e coriandolo, aggiungi il cetriolo e mescola. Versa il composto sopra il pollo e servi con gli spinaci cotti.

Valori nutrizionali per porzione: 275kcal, 43g proteine, 8g carboidrati (1g fibre, 8g zuccheri), 3g grassi (1g saturi), 20% calcio, 15% ferro, 25% magnesio, 56% vitamina A, 18% vitamina C, 181% vitamina K, 16% vitamina B1, 26% vitamina B2, 133% vitamina B3, 25% vitamina B5, 67% vitamina B6, 19% vitamina B9, 22% vitamina B12.

18. Uova ripiene con pane Pita

Fai il pieno di acidi grassi omega-3 con questo ricco piatto di salmone. Ad alto contenuto di vitamine e minerali, questo pasto abbondante è un ottimo modo di aiutare se stessi con l'energia e l'alimentazione per affrontare la giornata.

Ingredienti(2 porzioni):

1 salmone in scatola al naturale (450g)

2 uova

1 grande cipollotto, finemente tritato

2 grandi foglie di lattuga

10 pomodorini

1 cucchiaio di yogurt greco

un grande panino integrale tipo pita, tagliato a metà

Sale marino e pepe

Tempo di preparazione: 10 min

Tempo di cottura: 10 min

Preparazione:

Fai bollire le uova, togli il guscio e tagliale a metà, rimuovi il tuorlo e mettilo nel frullatore.

Aggiungi il salmone in scatola, 1 cucchiaio di yogurt, il cipollotto e i condimenti nel frullatore. Mescola tutto assieme e farcisci gli albumi.

Servi con il pane pita riempito di lattuga e pomodorini.

Valori nutrizionali per porzione: 455kcal, 45g proteine, 24g carboidrati (3g fibre, 2g zuccheri), 36g grassi (10g saturi), 59% calcio, 22% ferro, 21% magnesio, 30% vitamina A, 24% vitamina C, 43% vitamina K, 11% vitamina B1, 36% vitamina B2, 60% vitamina B3, 20% vitamina B5, 41% vitamina B6, 20% vitamina B9, 20% vitamina B12.

19. Involtini di pollo alla cesare

Con questi involtini di pollo farai un pasto pratico e ottimo che ti farà mantenere alti i livelli di proteine per tutta la giornata. Aggiungi anche un po' di spinaci per fare un pasto ancora più salutare.

Ingredienti(1 porzione):

85 g di petto di pollo, cotto

2 tortillas di grano integrale

1 tazza di lattuga

50g yogurt senza grassi

1 cucchiaino di pasta di acciughe

1 cucchiaino di senape in polvere secca

1 spicchio d'aglio, cotto

½ cetriolo medio, tritato

Tempo di preparazione: 5 min

Nessuna cottura

Preparazione:

Unire la pasta di acciughe, aglio e yogurt poi mescola e cospargi con lattuga e cetrioli. Dividi il composto in 2, aggiungi le tortillas e poi metti la metà del pollo in ogni tortilla. Avvolgi e servi.

Valori nutrizionali per porzione (2 tortillas): 460kcal, 41g proteine, 57g carboidrati (7g fibre, 9g zuccheri), 10g grassi (2g saturi), 11% calcio, 22% vitamina K, 13% vitamina B2, 59% vitamina B3, 12% vitamina B5, 29% vitamina B6, 10% vitamina B12.

20. Salmone affumicato con asparagi grigliati

Un piatto classico, reso più interessante da una marinata di succo di limone e senape, questo salmone alla griglia va bene con le punte di asparagi all'aglio. Concediti una grande combinazione di proteine e vitamine.

Ingredienti(1 porzione):

140g salmone selvatico

1 ½ tazza di asparagi

Marinata:

1 cucchiaio di aglio, tritato

1 cucchiaio di senape di Digione

succo di mezzo limone

1 cucchiaino di olio d'oliva

Tempo di preparazione: 5 min

Tempo di cottura: 15 min

Preparazione:

Preriscalda il forno a 200C ventilato/ gas 6.

In un frullatore, mescola il succo di limone, mezzo aglio, olio di oliva e senape, metti la marinata sopra il salmone ed assicurati che ne sia completamente coperto. Metti il salmone marinato a riposare per non meno di un'ora.

Taglia l'ultimo pezzo dei bambi degli asparagi. Metti sul fuoco una padella antiaderente a medio / alto calore, metti a rosolare gli asparagi con l'aglio rimasto per circa 5 minuti, girandoli su tutti i lati.

Metti il salmone su una teglia e cuoci per 10 minuti poi servi con gli asparagi alla griglia.

Valori nutrizionali: 350kcal, 43g proteine, 7g carboidrati (5g fibre, 1 g zuccheri), 16g grassi (1 saturi), 17% ferro, 20% magnesio, 48% vitamina A, 119% vitamina C, 17% vitamina E, 288% vitamina K, 39% vitamina B1, 60% vitamina B2, 90% vitamina B3, 33% vitamina B5, 74% vitamina B6, 109% vitamina B9, 75% vitamina B12.

21. Pasta con Polpette di carne di manzo e spinaci

Un piatto di pasta con alto contenuto proteico che accoppia la carne di manzo e gli spinaci. Non solo è un piatto con vitamine a tutto tondo, ma contiene anche una quantità abbondante di magnesio, che aiuta a regolare la contrazione muscolare.

Ingredienti(2 porzioni):

Per le polpette:

170g carne macinata magra

½ tazza spinaci, tagliuzzate

1 cucchiaio di aglio tritato

¼ di tazza di cipolla rossa, tagliata a dadini

1 cucchiaino di cumino

Sale marino e pepe

Per la Pasta:

100 g di pasta di grano agli spinaci

10 pomodorini

2 Tazze spinaci

¼ tazza marinara

2 cucchiai di parmigiano a basso contenuto di grassi

Tempo di preparazione: 15 min

Tempo di cottura: 30 min

Preparazione:

Preriscalda il forno a 200C/ gas 6.

Mescola la carne macinata, spinaci, aglio, cipolla rossa e sale e pepe a piacere. Mescola bene con le mani fino a quando gli spinaci sono completamente mescolati nella carne.

Forma due o tre polpette, più o meno delle stesse dimensioni poi mettile su una teglia nel forno per 10-12 minuti.

Cuoci la pasta secondo le istruzioni sulla confezione. Scola la pasta e manteca con il pomodoro, spinaci e formaggio. Aggiungi le polpette e servi.

Valori nutrizionali per porzione: 470kcal, 33g proteine, 50g carboidrati (6g fibre, 5g zuccheri), 12g grassi (5g saturi), 17% calcio, 28% ferro, 74% magnesio, 104% vitamina A, 38% vitamina C, 11% vitamina E, 361% vitamina K, 16% vitamina B1, 20% vitamina B2, 45% vitamina B3, 11%

vitamina B5, 45% vitamina B6, 35% vitamina B9, 37% vitamina B12.

22. Petto di Pollo farcito con Riso integrale

Il Riso integrale è un ottimo modo per introdurre carboidrati di qualità per la tua dieta. Assieme alle molte proteine contenute nel petto di pollo e alcune verdure avrai un delizioso pranzo energetico.

Ingredienti(1 porzione):

170g di petto di pollo

½ tazza spinaci

50g riso integrale

1 Cipollotto, tagliato a dadini

1 pomodoro, fette

1 cucchiaio di formaggio feta

Tempo di preparazione: 10 min

Tempo di cottura: 30 min

Preparazione:

Preriscalda il forno a 190C ventilato / gas 5.

Taglia il petto di pollo dal basso al centro per farlo sembrare una farfalla. Condisci il pollo con Sale e pepe, poi aprilo e mettici uno strato di spinaci, formaggio feta e fette di pomodoro su un lato. Piega il petto di pollo e utilizza uno stuzzicadenti per tenerlo chiuso poi cuoci per 20 min.

Fai bollire il riso integrale quindi aggiungi l'aglio tritato e la cipolla. Riempi un piatto con riso integrale, mettici sopra il pollo e servi.

Valori nutrizionali per porzione: 469kcal, 48g proteine, 46g carboidrati (5g fibre, 6g zuccheri), 8g grassi (5g saturi), 22% calcio, 18% ferro, 38% magnesio, 55% vitamina A, 43% vitamina C, 169% vitamina K, 28% vitamina B1, 28% vitamina B2, 103% vitamina B3, 28% vitamina B5, 70% vitamina B6, 23% vitamina B9, 17% vitamina B12.

23. Linguine in insalata con gamberi e zucchine

Un finto piatto di pasta con una porzione di zucchine e gamberetti triturati al vapore conditi con i semi di sesamo. Questa combinazione di ingredienti crea un pranzo leggero con un alto contenuto di proteine.

Ingredienti(1 porzione):

170g di gamberetti al vapore

1 grande zucchine, tritate

¼ tazza Cipolla Rossa, a fette

1 tazza peperoni, a fette

1 cucchiaio di burro arrostito Tahini

1 cucchiaino di olio di sesamo

1 cucchiaino di semi di sesamo

Tempo di preparazione: 10 min

Nessuna cottura

Preparazione:

Tagliare le zucchine con un trituratore per dare la forma delle linguine.

In una ciotola, mescola il tahini e l'olio di sesamo.

Metti tutto gli ingredienti una grande ciotola, versa la salsa Tahini e spargila per assicurarsi che tutti i lati siano coperti di salsa. Cospargi un po' con semi di sesamo e servi.

Valori nutrizionali per porzione: 420kcal, 45g proteine, 26g carboidrati (10g fibre, 12g zuccheri), 18g grassi (2g saturi), 19% calcio, 47% ferro, 48% magnesio, 33% vitamina A, 303% vitamina C, 17% vitamina E, 31% vitamina K, 38% vitamina B1, 36% vitamina B2, 38% vitamina B3, 13% vitamina B5, 66% vitamina B6, 35% vitamina B9, 42% vitamina B12.

24. Polpettone di tacchino con couscous di grano

Cotto in una teglia per muffin, questo polpettone di tacchino riesce a ridurre al minimo l'assunzione Grassi saturi. Mescola un po' aggiungendo peperone e funghi al posto di cipolla nelle polpette e condisci con un pizzico di aglio.

Ingredienti(1 porzione):

140g carne magra di tacchino

¾ tazza di cipolle rosse, a dadini

1 tazza spinaci

1/3 tazza salsa alla marinara poco salata

½ tazza di couscous di grano, bollito

scelta di condimento tra: prezzemolo, basilico, coriandolo

pepe, sale

uno spruzzo di olio d'oliva

Tempo di preparazione: 5 min

Tempo di cottura: 20 min

Preparazione:

Preriscalda il forno a 200C ventilato / gas 6.

Marina il tacchino con il condimento a tua scelta e aggiungi le cipolle tagliate a dadini.

Spruzza il tuo stampo con olio d'oliva, metti il tacchino sul fondo con le verdure. Metti sopra ogni polpetta di tacchino 1 cucchiaio salsa marinara, quindi inserisci nel forno e cuoci per 8-10 minuti.

Servi con couscous.

Valori nutrizionali per porzione: 460kcal, 34g proteine, 53g carboidrati (4g fibre, 7g zuccheri), 12g grassi (4g saturi), 12% calcio, 15% ferro, 10% magnesio, 16% vitamina A, 15% vitamina C, 11% vitamina E, 16% vitamina K, 11% vitamina B1, 25% vitamina B3, 16% vitamina B6, 11% vitamina B9.

25. Hamburger di tonno ed Insalata

L'hamburger di tonno è ad alto contenuto di proteine e carboidrati, che lo rende una scelta eccellente per un pasto in un giorno di allenamento. Risolvi il problema in modo diverso ogni volta e rendilo interessante scambiando le verdure e il tuo condimento per l'insalata.

Ingredienti(1 porzione):

1 confezione di tonno in scatola (165g)

1 albume

½ tazza di funghi tritati

2 Tazze lattuga, tagliuzzate

¼ tazza di avena secca

1 cucchiaino di olio d'oliva

1 cucchiaio di condimento magro (quello che preferisci)

Un mazzetto di origano, tritato

1 rotolo medio di grano tagliato a metà

Tempo di preparazione: 10 min

Tempo di cottura: 10 min

Preparazione:

Mescola l'albume, il tonno, l'avena a secco, l'origano e formare un tortino.

Scalda l'olio in una padella antiaderente a fuoco medio, metti la pastella e poi capovolgila per assicurarsi che la cottura avvenga su entrambi i lati.

Taglia l'intero rotolo di grano a metà, in senso orizzontale, posiziona la pastella tra i 2 pezzi.

Mescola le verdure in una ciotola, aggiungi il condimento e servi accanto all' hamburger di tonno.

Valori nutrizionali per porzione: 560kcal, 52g proteine, 76g carboidrati (13g fibre, 7g zuccheri), 10g grassi (1g saturi), 11% calcio, 35% ferro, 38% magnesio, 16% vitamina A, 16% vitamina K, 35% vitamina B1, 33% vitamina B2, 24% vitamina B3, 28% vitamina B5, 41% vitamina B6, 21% vitamina B9, 82% vitamina B12.

26. Spiedini piccanti di manzo

Questo kebab piccante viene servito con un contorno di patate al forno, rendendolo non solo un pasto adatto alla costruzione del muscolo, ma anche un ottimo modo per migliorare la vista con la vitamina A nella tua dieta. Aggiungi un cucchiaio di yogurt a basso contenuto di grassi sulle patate per renderlo più rinfrescante.

Ingredienti(1 porzione):

140g polpa di manzo bistecca fianco

200g di Patata dolce

1 peperone, tritato

½ zucchine medie, tritate

aglio tritato

pepe, sale

Tempo di preparazione: 15 min

Tempo di cottura: 55 minuti

Preparazione:

Preriscalda il forno a 200C ventilato / gas 6. Avvolgi la patata dolce in un foglio, mettila in forno e cuoci per 45 min.

Taglia la bistecca in piccoli pezzi, condisci con sale, pepe e aglio. Monta il kebab, alternando manzo, zucchine e peperone.

Posiziona il kebab su una teglia e cuoci per 10 min. Servi con la patata dolce.

Valori nutrizionali per porzione: 375kcal, 38g proteine, 49g carboidrati (9g fibre, 12g zuccheri), 4g grassi (1g saturi), 24% ferro, 27% magnesio, 581% vitamina A, 195% vitamina C, 21% vitamina K, 22% vitamina B1, 28% vitamina B2, 61% vitamina B3, 28% vitamina B5, 92% vitamina B6, 20% vitamina B9, 30% vitamina B12.

27. Trota con patate in insalata

Hai paura di avere una carenza di vitamina B12? Allora prova questa abbondante porzione di trote, assieme ad una nutriente e ricca di vitamine insalata fresca di patate.

Ingredienti(2 porzioni):

2 * 140g filetti di trota

Patate 250g di polpa, dimezzate

4 cucchiaini di yogurt

4 cucchiaini di maionese magra

1 Cucchiaio di capperi, sciacquati

4 piccoli cornichons, a fette

2 cipollotti, Finemente affettati

¼ di cetriolo, tagliati a dadini

1 limone, la scorza di ½

Tempo di preparazione: 10 min

Tempo di cottura: 20 min

Preparazione:

Lessa le patate in acqua salata per 15 Minuti fino a quando sono leggermente tenere. Scola e sciacqua sotto l'acqua fredda, poi asciugale di nuovo.

Scalda il grill.

Mescola la maionese e yogurt e condisci con un po' di succo di limone. Mescola la miscela nelle patate con i capperi, la maggior parte delle cipolle, cetrioli e cetriolini. Cospargi l'insalata con il resto delle cipolle.

Condisci la trota, griglia su una teglia, la pelle rivolta verso il basso, fino a renderla abbastanza cotta. Cospargi con la scorza di limone e servi con l'insalata di patate.

Valori nutrizionali per porzione: 420kcal, 38g proteine, 28g carboidrati (3g fibre, 6g zuccheri), 13g grassi (3g saturi), 12% calcio, 11% ferro, 22% magnesio, 29% vitamina C, 59% vitamina K, 21% vitamina B1, 18% vitamina B2, 12% vitamina B3, 22% vitamina B5, 43% vitamina B6, 18% vitamina B9, 153% vitamina B12.

28. Chili di fagioli messicani

Con un alto contenuto di proteine per un pasto di mezzogiorno, questo piatto è un ottimo modo per ottenere 1/3 della quantità necessaria giornaliera di fibra. Anche se ha già abbastanza nutrienti per essere un pasto stand-alone, può anche essere servito sopra un letto di riso integrale.

Ingredienti(2 porzioni):

250g carne macinata

200g fagioli in scatola

75ml brodo di carne

½ cipolla, tagliata a dadini

½ peperone rosso a dadini

1 cucchiaino di pasta chipotle

1 cucchiaino di olio d'oliva

½ cucchiaino di peperoncino in polvere

1 tazza riso integrale, bollito (facoltativo)

foglie di coriandolo, per guarnire

Tempo di preparazione: 5 min

Tempo di cottura: 45 min

Preparazione:

Scalda l'olio in una padella antiaderente a fuoco medio quindi soffriggi la cipolla e peperoncino fino ad ammorbidirli. Aumenta la fiamma e aggiungere la polvere di peperoncino e cuoci per 2 Minuti prima di aggiungere la carne macinata. Cuoci fino a doratura e quando tutto il liquido sarà evaporato.

Inserisci nel brodo di manzo, i fagioli al forno e la pasta chipotle. Fai bollire a fuoco lento per 20 minuti, poi togli dal fuoco, cospargi di foglie di coriandolo e servi con il riso bollito.

Valori nutrizionali per porzione (senza riso): 402kcal, 34g proteine, 19g carboidrati (5g fibre, 10g zuccheri), 14g grassi (5g saturi), 29% ferro, 15% magnesio, 42% vitamina C, 11% vitamina B1, 16% vitamina B2, 34% vitamina B3, 40% vitamina B6, 18% vitamina B9, 52% vitamina B12.

½ tazza di riso: 108kcal

29. Tagliatelle con manzo e broccoli

Un comodo, gustoso piatto, le tagliatelle di manzo e broccoli richiedono solo 20 Minuti di preparazione, e le rende la scelta ideale per una giornata impegnativa. Le puoi servire con un paio di fette di peperoncino rosso per un po' di pepe in più.

Ingredienti(2 porzioni):

2 Tazze uovo tagliatelle

200g di manzo a striscioline

1 cipollotto, affettato

½ testa di broccoli, piccoli fiorellini

1 cucchiaino di olio di sesamo

Per la salsa:

1 ½ cucchiaio di salsa di soia poco salata

1 cucchiaino di ketchup

1 spicchio d'aglio, schiacciato

1 cucchiaio di salsa di ostriche

¼ pizzico di zenzero, Finemente grattugiato

1 cucchiaino di aceto di vino bianco

Tempo di preparazione: 10 min

Tempo di cottura: 10 min

Preparazione:

Mescola gli ingredienti per la salsa. Lessa la pasta secondo le istruzioni del pacchetto. Inserisci i broccoli quando è quasi pronta. Lascia insaporire per qualche minuto, quindi scola la pasta e i broccoli.

Scalda l'olio in un wok fino a renderlo molto caldo quindi soffriggi la carne per 2-3 minuti fino a doratura. Aggiungi la salsa, mescola e lascia sobbollire per qualche minuto poi spegni il fuoco.

Mescola la carne bovina nelle tagliatelle, cospargi con il cipollotto e servi subito.

Valori nutrizionali per porzione: 352kcal, 33g proteine, 39g carboidrati (5g fibre, 5g zuccheri), 9g grassi (2g saturi), 20% ferro, 20% magnesio, 20% vitamina A, 224% vitamina C, 214% vitamina K, 14% vitamina B1, 19% vitamina B2, 43% vitamina B3, 18% vitamina B5, 50% vitamina B6, 31% vitamina B9, 23% vitamina B12.

30. Merlano avvolto nella pancetta con patate

Questa degustazione fresca e leggera fornisce un sacco di energia ed è ad alto contenuto di proteine, che la rende una scelta ideale per un pasto del mezzogiorno. Il merlano può essere sostituito con un altro pesce bianco simile, mentre le olive possono essere sostituite da pomodori secchi.

Ingredienti(2 porzioni):

2 * 140g filetti di merlano

4 fette di pancetta

300g patate novelle

100g di Fagiolini

30g di Olive kalamata

il succo e la scorza di 1 limone

2 cucchiai di olio d'oliva

qualche rametto di dragoncello, foglie

Tempo di preparazione: 10 min

Tempo di cottura 15 min

Preparazione:

Scalda il forno a 200C ventilato / gas 6. Fai bollire le patate per 10-12 Minuti finché sono tenere, aggiungi i fagiolini per gli ultimi 2-3 min. Scola bene, taglia le patate a metà e adagiale in una teglia. Mescola con le olive, scorza di limone e l'olio e fai riposare.

Condisci il pesce e avvolgilo con la pancetta poi mettilo sopra le patate. Cuoci in forno per 10-12 Minuti fino a cottura completa, quindi aggiungi il succo di limone, cospargi con dragoncello e servi.

Valori nutrizionali per porzione: 525kcal, 46g proteine, 36g carboidrati (5g fibre, 3g zuccheri), 31g grassi (8g saturi), 10% ferro, 31% magnesio, 63% vitamina C, 18% vitamina K, 15% vitamina B1, 13% vitamina B2, 14% vitamina B3, 25% vitamina B6, 73% vitamina B12.

CENA

31. Sushi in ciotola

Una ciotola di sushi a basso contenuto calorico che sostituisce il riso, con il cavolfiore condito con aglio, salsa di soia e succo di lime per un gusto in più. Utilizza i fogli di alga per avvolgere i cavolfiori ed il salmone per fare un mini rullo.

Ingredienti(2 porzioni):

170g di salmone affumicato

1 avocado di medie dimensioni

½ testa di cavolfiore, cotta a vapore e tritata

1/3 tazza di carote, tagliuzzate

½ cucchiaino di cayenna

1.2 cucchiaino di aglio in polvere

1 cucchiaio di salsa di soia con poco sale

2 fogli di alghe

Succo di ½ lime

Tempo di preparazione: 10 min

Nessuna cottura

Preparazione:

Metti il cavolfiore, carote, salsa di soia, aglio, succo di lime e pepe di Caienna in un robot da cucina. Arresta la miscelazione prima che l'impasto risulti una crema. Servi accanto ai fogli di salmone e alghe.

Valori nutrizionali per porzione: 272kcal, 20g proteine, 13g carboidrati (7g fibre, 4g zuccheri), 16g grassi (1g saturi), 10% ferro, 14% magnesio, 73% vitamina A, 88% vitamina C, 13% vitamina E, 40% vitamina K, 18% vitamina B1, 15% vitamina B2, 31% vitamina B3, 21% vitamina B5, 31% vitamina B6, 26% vitamina B9, 45% vitamina B12.

32. Pollo in agrodolce

Il pollo in agrodolce è una deliziosa ricetta semplice che ha un posto d'onore in ogni cucina per gli sportivi. Ha un alto contenuto di proteine e vitamine e ben si sposa con fiori di broccoli al vapore.

Ingredienti(2 porzioni):

300g di Petti di pollo tagliati a bocconcini

1 cucchiaino di aglio sale

¼ tazza brodo di pollo con poco sale

¼ di tazza di aceto bianco

¼ dolcificante non calorico

¼ cucchiaino di pepe nero

1 cucchiaino di salsa di soia con poco sale

3 cucchiaini di Ketchup con pochi zuccheri

maranta

400g fiori di broccoli al vapore

Tempo di preparazione: 10 min

Tempo di cottura 15 min

Preparazione:

Metti il pollo in una grande ciotola e condisci con l'aglio, pepe e sale, cercando di ricoprire tutto. Cuoci il pollo a fuoco medio / alto fino a cottura.

Nel frattempo, metti insieme il brodo di pollo, dolcificante, aceto, ketchup e salsa di soia in una casseruola, porta la miscela ad ebollizione e gira a fuoco basso. Aggiungi la maranta un po' alla volta e sbatti energicamente. Mescola per qualche minuto.

Versa la salsa sul pollo cotto e servi con broccoli al vapore a parte.

Valori nutrizionali per porzione: 250kcal, 40g proteine, 14g carboidrati (6g fibre, 4g zuccheri), grassi 2g, 11% calcio, 14% ferro, 20% magnesio, 24% vitamina A, 303% vitamina C, 254% vitamina K, 17% vitamina B1, 21% vitamina B2, 90% vitamina B3, 24% vitamina B5, 58% vitamina B6, 33% vitamina B9.

33. Hummus all'aglio

Ci vogliono sono 5 minuti per preparare questo salutare e delizioso pasto. È pieno zeppo di magnesio e dispone di una discreta quantità di proteine considerando la ricetta è senza carne. Prendi una tortilla di grano intero e prepara questo piatto.

Ingredienti(3 porzioni):

1 * 400g di ceci in scatola (salva 1/4 del liquido)

¼ tazza di tahini

¼ di tazza di succo di limone

1 spicchio d'aglio

1 cucchiaio di olio d'oliva

¼ di cucchiaino di zenzero in polvere

¼ cucchiaino di cumino macinato

2 cipollotti, finemente tritati

1 pomodoro, tritato

Tempo di preparazione: 5 min

Nessuna cottura

Preparazione:

Inserisci i ceci, liquido, tahini, succo di limone, olio d'oliva, aglio, cumino e zenzero in un robot da cucina e frulla fino a farli diventare una crema.

Incorpora il pomodoro e lo scalogno e condisci con sale e pepe. Servi accanto a fette di peperone.

Valori nutrizionali per porzione: 324kcal, 11g proteine, 21g carboidrati (7g fibre, 1g zuccheri), 17g grassi (2g saturi), 22% calcio, 54% ferro, 135% magnesio, 10% vitamina A, 12% vitamina C, 33% vitamina K, 122% vitamina B1, 12% vitamina B2, 44% vitamina B3, 11% vitamina B5, 12% vitamina B6, 40% vitamina B9.

34. Pollo con ananas e peperoni

Prenditi una pausa dalle solite ricette di pollo e prova questa versione con il dolce ananas fresco. Ad alto contenuto di vitamina B3 e proteine, questo pasto è anche una fonte importante di carboidrati. Per variare, è possibile sostituire il riso con la quinoa.

Ingredienti(1 porzione):

140g di petto di pollo disossato

1 cucchiaio di senape

½ tazza di ananas fresco tagliato a dadini

½ tazza di peperoni a dadini

50g riso integrale

Una spruzzata di Olio di cocco

1 cucchiaino di cumino

Sale e pepe

Tempo di preparazione: 5 min

Tempo di cottura: 15 minuti

Preparazione:

Taglia il pollo a pezzetti poi strofina la senape sui pezzi e condisci con sale, pepe e cumino.

Metti una padella a fuoco medio e ungi leggermente con olio di cocco, aggiungi il pollo e cuoci su tutti i lati. Quando il pollo è quasi finito, alza il fuoco e getta dei pezzi di ananas e peperoni, cucina e fai in modo che tutti i lati siano marroni. Questo dovrebbe prenderti 3-5 min.

Fai bollire il riso integrale e servi accanto al pollo.

Valori nutrizionali per porzione: 377kcal, 37g proteine, 50g carboidrati (6g fibre, 10g zuccheri), 1g grassi, 12% ferro, 33% magnesio, 168% vitamina C, 26% vitamina B1, 13% vitamina B2, 96% vitamina B3, 22% vitamina B5, 65% vitamina B6, 10% vitamina B9.

35. Frullato di proteine in stile messicano

Concediti una pausa a base di carne e metti questi ingredienti assieme per una gustosa alternativa al solito. È possibile saltare i grassi fritti e calorie malsane e ottenere comunque il sapore di un pasto messicano.

Ingredienti:

1/3 tazza di fagioli neri bolliti

½ tazza riso integrale cotto

2 cucchiai di salsa

¼ di avocado, tagliato

Tempo di preparazione: 5 min

Nessuna cottura

Preparazione:

Frulla assieme tutti gli ingredienti e servi.

Valori nutrizionali per porzione: 307kcal, 11g proteine, 48g carboidrati (11g fibre, 1g zuccheri), 7g grassi (1g zuccheri), 26% magnesio, 13% vitamina K, 16% vitamina B1, 11% vitamina B3, 17% vitamina B6, 30% vitamina B9.

FRULLATI POST-COMPETIZIONE NEL BODYBUILDING

Giorno 1

Colazione: Tutto in un frullato

Frullato di Energia, Incremento muscoli

Preparazione:

Mescola tutti gli ingredienti insieme in una centrifuga o frullatore ad alta velocità e poi gustati un delizioso frullato.

Sappiamo tutti quanto sia difficile aumentare la massa muscolare; abbiamo sempre bisogno di aiuto per affrontare questo problema. Qui troverai un grande frullato per migliorare l'incremento muscolare e anche rafforzare il corpo. Si può bere in qualsiasi momento della giornata, ma ti consiglio di gustarlo a colazione.

Ingredienti:

- Latte, 400 ml
- 2 misurini di proteine del siero del latte in polvere

- 2 banane da 140g

- 2 cucchiai di olio di mandorle.

- 1 mela

Componenti Nutritivi:

- Calorie: 443

- Proteine: 32.5 g

- Carboidrati: 45 g

- Grassi: 16 g

Giorno 2

Pranzo: Bevi un grande frullato

Frullato per incrementare la massa muscolare

Preparazione:

Mescola tutti gli ingredienti insieme in una centrifuga o frullatore ad alta velocità e poi gusta un delizioso frullato.

Mangiare molto per ottenere tanto è il segreto per costruire grandi quantità di massa muscolare basate principalmente su una percentuale di Proteine. Per raggiungere tale obiettivo è necessario faticare parecchio e mangiare correttamente, e qui troverai un grande frullato che ti aiuterà in questo.

Ingredienti:

- ½ tazza di latte di mardorle senza zuccheri
- 2 cucchiai di sciroppo d'acero
- 2 Banane ghiacciate
- 1 misurino di proteine del siero del latte in polvere
- 3 cucchiai di burro di mandorle

Componenti Nutritivi:

- Calorie – 830

- Grassi totali - 30g (grassi sani dal burro di mandorle)

- Carboidrati – 115g

- Fibre- 14g

- Carboidrati netti-101 g

- Senza Glutine

- Proteine: 46 g

Giorno 3

Colazione: Niente frullato in polvere

Frullato per incrementare la massa muscolare

Preparazione:

Mescola tutti gli ingredienti insieme in una centrifuga o frullatore ad alta velocità e poi gusta un delizioso frullato.

Ottenere il massimo dal tuo mix con questa grande ricetta. Se hai poco tempo, ma vuoi raggiungere la quota nutrizionale giornaliera, questa deliziosa bevanda è pronta in meno di un minuto. Il corpo ha bisogno di un ricco frullato ricco di proteine "super" per i tuoi muscoli e ti darà un buon equilibrio di carboidrati e proteine con questa mistura di ingredienti.

Ingredienti:

- Olio di mandorle 2 cucchiai
- 2 cucchiai di Burro di arachidi
- ½ - 1 cucchiaino di miele
- 1 Banana media

- 2 tazze di latte

- 2 misurini di proteine del siero del latte in polvere

Componenti Nutritivi:

- Calorie: 601

- Proteine: 49 g

- Carboidrati: 63 g

- Grassi: 25 g

Giorno 4

Colazione: Frullato di caffè e proteine

Frullato per incrementare la massa muscolare

Preparazione:

Mescola tutti gli ingredienti insieme in una centrifuga o frullatore ad alta velocità e poi gusta un delizioso frullato.

Questa ricetta richiede pochi secondi, e ti piacerà un sacco. Assicurati di utilizzare tutti gli ingredienti, mescola bene e bevili dopo una sessione di allenamento. Il recupero muscolare è una delle cose più difficili da raggiungere in palestra, e quindi qualsiasi aiuto che potrai ottenere ne sarà sicuramente valsa la pena.

Ingredienti:

- 2 misurini di proteine del siero del latte in polvere
- 8 once di caffè
- 8 once di latte al 2%
- 2 cucchiai di Crème Caramel

Componenti Nutritivi:

- Calorie: 398
- Proteine 58.4 g
- Carboidrati 13.4 g
- Grassi 6.4 g

Giorno 5

Colazione: Frullato di Burro di arachidi e proteine

Frullato per incrementare la massa muscolare

Preparazione:

Mescola tutti gli ingredienti insieme in una centrifuga o frullatore ad alta velocità e poi gusta un delizioso frullato.

Questa ricetta è utilissima per aumentare le tue prestazioni ginniche per incrementare la massa muscolare. Metti gli ingredienti in un frullatore e rendili una crema. Puoi anche utilizzare del latte aggiunto al burro di arachidi per far innalzare le calorie a questo frullato, a te la scelta.

Ingredienti:

- 8 oz di di latte scremato
- 1 banana
- 1 cucchiai di burro di arachidi
- 2 misurini di proteine del siero del latte in polvere

Componenti Nutritivi:

- Calorie 498

- Proteine 58 g

- Carboidrati 44.1 g

- Grassi 11 g

Giorno 6

Colazione: Super Frullato Rosa

Frullato per incrementare la massa muscolare

Preparazione:

Mescola tutti gli ingredienti insieme in una centrifuga o frullatore ad alta velocità e poi gusta un delizioso frullato.

Quando si tratta di massicci aumenti di peso, è più importante consumare la giusta quantità di calorie attraverso un corretto rapporto di carboidrati e proteine in modo da avere abbastanza energia per allenarsi e sufficienti proteine per permettere ai muscoli di svilupparsi.

Ingredienti:

- ¾ tazza di lamponi congelati
- ½ banana piccola
- 1 misurino di proteine del siero del latte in polvere
- ½ cucchiai di burro di cocco naturale
- 5 g glutammina

- 1 tazza di acqua di sorgente

Componenti Nutritivi:

- Calorie: 268

- Proteine : 16.5 g

- Carboidrati: 44.5 g

- Grassi 6.7 g

Giorno 7

Colazione: Frullato di banana e proteine

Frullato per incrementare la massa muscolare

Le proteine sono i nutrienti più importanti per la crescita muscolare. Esse assicurano che il corpo funzioni correttamente. Questo è un frullato facile da preparare che ha una grande quantità di proteine.

Preparazione:

Mescola tutti gli ingredienti insieme in una centrifuga o frullatore ad alta velocità e poi gusta un delizioso frullato.

Ingredienti:

- 8 oz di latte scremato
- 1 banana
- ½ tazze di avena
- 2 misurini di proteine del siero del latte in polvere

Componenti Nutritivi:

- Calorie 554
- Proteine 58g

- Carboidrati 67.5g

- Grassi 6g

Giorno 8

Colazione: Frullato di Banana bacche e Proteine

Frullato per aumentare la massa muscolare

Questo è un grande frullato per ottenere forza e massa in un breve periodo di tempo, senza ritardi. E' sano, naturale, e sarà di grande impatto nella tua routine in palestra. Vediamo quindi gli ingredienti e tutto ciò che esso ha da offrire.

Preparazione:

Mescola tutti gli ingredienti insieme in una centrifuga o frullatore ad alta velocità e poi gusta un delizioso frullato.

Ingredienti:

- 12 once di acqua
- 4 cubetti di ghiaccio
- 1 banana
- 2 misurini di proteine in polvere

Componenti Nutritivi:

- Calorie 314

- Proteine 45.1g

- Carboidrati: 32.1g

- Grassi 2.4g

Giorno 9

Colazione: Banana e mandorla dissetanti

Frullato per aumentare la massa

Aumenta la tua massa muscolare utilizzando questa ricetta, e poi tieni traccia dei progressi dell'allenamento del giorno successivo per vedere se ti ha giovato. Potresti anche prepararlo la sera prima, per far combinare al meglio gli ingredienti.

Preparazione:

Mescola tutti gli ingredienti insieme in una centrifuga o frullatore ad alta velocità e poi gusta un delizioso frullato.

Ingredienti:

- 1 banana media congelata
- 1 tazza di yogurt bianco
- 100 ml acqua ghiacciata
- 1 onca di mardorle
- 1 tazza di avena

Componenti Nutritivi:

- Calorie: 650
- Proteine: 53 g
- Carboidrati: 75 g
- Grassi: 15 g

Giorno 10

Pranzo: Frullato Cannella e Proteine

Frullato per la crescita muscolare

Segui questa ricetta per aumentare lo sviluppo muscolare, con una bassa assunzione di grassi. Si può bere questo frullato a qualsiasi ora del giorno.

Preparazione:

Mescola tutti gli ingredienti insieme in una centrifuga o frullatore ad alta velocità e poi gusta un delizioso frullato.

Ingredienti:

- 1 tazza di latte scremato
- 1 Banana ghiacciata
- 1 misurino di proteine del siero del latte in polvere
- 1 cucchiai di Burro di arachidi

Componenti Nutritivi:

- Calorie: 391
- Proteine: 38g

- Carboidrati: 42.1g

- Grassi: 10g

Giorno 11

Colazione: Frullato per guadagnare incremento

Frullato per aumentare la massa

Ecco una grande ricetta che ti darà una spinta enorme di energia e inoltre contribuirà ad aumentare il tuo sviluppo muscolare. Quindi, sii pronto per una grande esperienza in grado di migliorare le tue sessioni in palestra.

Preparazione:

Mescola tutti gli ingredienti insieme in una centrifuga o frullatore ad alta velocità e poi gusta un delizioso frullato.

Ingredienti:

- 10-14 oz di acqua pura
- 1/2 tazza di mandorle al naturale
- 1/2 Banana ghiacciata grande
- 2 misurini di proteine del siero del latte in polvere

Componenti Nutritivi:

- Calorie: 380

- Proteine: 75 g

- Carboidrati: 57 g

- Grassi: 15 g

Giorno 12

Colazione: Frullato di energia estrema

Frullato per aumentare massa ed energia

Se stavi cercando qualcosa che ti fornisca un po' di energia in più e che riesca anche a migliorare la tua crescita muscolare dovresti provare questa ricetta. Questo frullato è pieno di sani ingredienti. Il tè verde previene il cancro e i semi di lino forniscono una buona porzione di omega 3, importante per lo sviluppo del tuo corpo.

Preparazione:

Mescola tutti gli ingredienti insieme in una centrifuga o frullatore ad alta velocità e poi gusta un delizioso frullato.

Ingredienti:

- 10 oz di acqua pura
- 10 fragole (Fresca o Congelata)
- 1 cucchiaino di olio di semi di lino
- 1/2 cucchiaino di Tè verde in polvere

- 1/2 cucchiaino di estratto di vaniglia

- 1 misurino di proteine del siero del latte in polvere

Componenti Nutritivi:

- Calorie: 420

- Proteine: 50 g

- Carboidrati: 42 g

- Grassi: 17 g

Giorno 13

Lunch: Frullato di pesche

Frullato per aumentare la massa

Le pesche in questo frullato conferiscono un sapore fantastico e i fiocchi di latte sono una fonte eccellente di proteine facili da digerire. Il momento migliore del giorno per bere questo frullato sarebbe la mattina, ma si può bere in qualsiasi momento.

Preparazione:

Mescola tutti gli ingredienti insieme in una centrifuga o frullatore ad alta velocità e poi gusta un delizioso frullato.

Ingredienti:

- 8 oz di acqua pura
- 1 pesca matura
- 2 cucchiaino di fiocchi di latte con pochi grassi
- Zucchero di canna
- 1.5 misurini di proteine del siero del latte in polvere

Componenti Nutritivi:

- Calorie: 250
- Proteine: 40 g
- Carboidrati: 21 g
- Grassi: 8 g

Giorno 14

Colazione: Frullato di mirtilli

Frullato per aumentare I muscoli

Cominciamo la giornata con un grande ricetta che manterrà elevati i livelli di energia, e fornirà l'apporto di proteine necessario in modo da poter aumentare i muscoli in un periodo di tempo più breve. I mirtilli sono noti per essere grandi antiossidanti e aiutano a prevenire il cancro.

Preparazione:

Mescola tutti gli ingredienti insieme in una centrifuga o frullatore ad alta velocità e poi gusta un delizioso frullato.

Ingredienti:

- 10 oz di Acqua pura
- 1/2 tazza di mirtilli freschi o surgelati
- 1.5 misurino di proteine del siero del latte in polvere
- 2 cucchiaino di olio di semi di lino

Componenti Nutritivi:

- Calorie: 210 g

- Proteine: 39g

- Carboidrati: 22 g

- Grassi: 4 g

Giorno 15

Colazione: Frullato di fragole

Frullato per aumentare I muscoli

Non c'è miglior modo per ottenere risultati veloci quando si cerca di aumentare la crescita muscolare, che bere frullati e questa ricetta sarà molto gustosa grazie alla combinazione di fragole e Fiocchi di latte.

Preparazione:

Mescola tutti gli ingredienti insieme in una centrifuga o frullatore ad alta velocità e poi gusta un delizioso frullato.

Ingredienti:

- 10 oz di acqua pura
- 8 fragole congelate
- 4 cucchiaino di fiocchi di latte con pochi grassi
- 1.5 misurino di proteine del siero del latte in polvere

Componenti Nutritivi:

- Calorie: 310 g

- Proteine: 51g

- Carboidrati: 27g

- Grassi: 7 g

Giorno 16

Colazione: Frullato magro alla banana

Frullato per aumentare i muscoli

Mescola I seguenti ingredienti per avere un frullato con alto contenuto di omega 3 e molto potassio per stimolare la crescita muscolare e anche mantenerti in salute.

Preparazione:

Mescola tutti gli ingredienti insieme in una centrifuga o frullatore ad alta velocità e poi gusta un delizioso frullato.

Ingredienti:

- 8 oz di acqua pura
- 1/2 banana (congelata)
- 2 misurini di proteine del siero del latte in polvere
- 2 cucchiaino di olio di semi di lino

Componenti Nutritivi:

- Calorie: 350 g
- Proteine: 65g
- Carboidrati: 29g
- Grassi: 9 g

Giorno 17

Colazione: Frullato all'ananas

Frullato per aumentare i muscoli

Provate questa stupefacente ricetta che è ben nota per risultati rapidi e gusto delizioso. E' perfetta per aiutarti ad aumentare la tua potenza guadagno muscolare, ed avrà un forte effetto sul sistema immunitario.

Preparazione:

Mescola tutti gli ingredienti insieme in una centrifuga o frullatore ad alta velocità e poi gusta un delizioso frullato.

Ingredienti:

- 1 tazza di of succo di ananas
- 3 fragole
- 1 banana
- 1 cucchiaino di yogurt

- 1 misurino di proteine del siero del latte in polvere

Componenti Nutritivi:

- Calorie: 340 g

- Proteine: 63g

- Carboidrati: 27g

- Grassi: 10 g

Giorno 18

Colazione: Frullato per i muscoli

Frullato per aumentare i muscoli

Hai problemi ad aumentare la muscolatura? Se la risposta è sì, dovresti provare questa ricetta che ti porterà risultati immediati nella tua formazione e molta energia per tutta la giornata.

Preparazione:

Mescola tutti gli ingredienti insieme in una centrifuga o frullatore ad alta velocità e poi gusta un delizioso frullato.

Ingredienti:

- 1 c. latte con pochi grassi
- 1/2 c. yogurt bianco con pochi grassi
- 1 banana, a fette
- 2 cucchiai di Proteine del siero del latte in polvere
- 6 fragole, a fette
- 1 cucchiaino di wheat germ

- 1 cucchiai di miele o succo d'acero

- 1/4 tazza di qualsiasi bacca congelata

Un pizzico di noce moscata o polvere di carruba

Componenti Nutritivi:

- Calorie: 600

- Proteine: 70g

- Carboidrati: 54g

- Grassi: 15 g

Giorno 19

Colazione: Frullato con Farina d'avena

Frullato per aumentare i muscoli

Questa è una grande ricetta per aumentare la massa muscolare e proteggere il tuo cuore. Essa ti aiuterà a rimanere vigile durante l'intera giornata, forza bevila!

Preparazione:

Mescola tutti gli ingredienti insieme in una centrifuga o frullatore ad alta velocità e poi gusta un delizioso frullato.

Ingredienti:

- 2 misurini di proteine del siero del latte in polvere
- 1 tazza di gelato alla vaniglia senza zucchero
- 1 tazza di farina d'avena
- 2 tazze di latte senza grassi
- 1.2 tazza di acqua

- Una spruzzata di estratto di menta piperita!

Componenti Nutritivi:

- Calorie: 621

- Proteine: 65g

- Carboidrati: 58g

- Grassi: 22 g

Giorno 20

Lunch: Frullato tropicale

Frullato per aumentare i muscoli

Questo è uno dei più deliziosi frullati che abbia mai assaggiato e sono sicuro che ti piacerà. Il mix tra banana, ananas, e cocco conferisce un sapore tropicale che dovrebbe andare bene la mattina o metà mattina. Le banane non devono essere congelate, possono essere a temperatura ambiente ma alcune persone preferiscono che siano fredde se hanno appena finito di allenarsi.

Preparazione:

Mescola tutti gli ingredienti insieme in una centrifuga o frullatore ad alta velocità e poi gusta un delizioso frullato.

Ingredienti:

- 8 oz di acqua pura
- 1/2 cucchiaino di estratto di ananas
- 1/2 cucchiaino di estratto di cocco
- 1 cucchiaio di fiocchi di latte

- 1/2 Banana ghiacciata

Componenti Nutritivi:

- Calorie: 540

- Proteine: 25g

- Carboidrati: 43g

- Grassi: 17g

Giorno 21

Pranzo: Frullato di frutta

Frullato per aumentare i muscoli

Le proteine sono la chiave per la crescita muscolare ed il recupero. Assicurati di provare questo frullato in qualsiasi momento del giorno. Questo frullato di bacche ha molte qualità antiossidanti che andranno a beneficio dell'invecchiamento e ti impediscono di ammalarti frequentemente e può essere molto importante quando non ti può permettere di prendere varie settimane di pause dal lavoro.

Preparazione:

Mescola tutti gli ingredienti insieme in una centrifuga o frullatore ad alta velocità e poi gusta un delizioso frullato.

Ingredienti:

- 2 misurini di proteine del latte in polvere
- 4 grandi fragole
- Mirtilli (una piccola manciata)
- acqua (appena qualche goccia)

- 3 uova

Componenti Nutritivi:

- Calorie: 470

- Proteine: 45g

- Carboidrati: 39g

- Grassi: 15g

Giorno 22

Colazione: Frullato di delizia alle mele

Frullato per incrementare la massa muscolare

Gli atleti che consumano più proteine aumenteranno più massa muscolare rispetto alle persone sedentarie e per massimizzare il potenziale di crescita dovrai fare in modo di aggiungere questo frullato subito prima o subito dopo una sessione di allenamento. Il mix di sapori di mela, cannella, noce moscata regalano un sapore originale che normalmente non si trova in altri frullati.

Preparazione:

Mescola tutti gli ingredienti insieme in una centrifuga o frullatore ad alta velocità e poi gusta un delizioso frullato.

Ingredienti:

- 1 misurino di proteine del siero del latte in polvere
- 1 mela pelata e senza torsolo, tagliata a pezzi
- 1 1/2 tazze di latte
- 1/2 cucchiaino di cannella

- 1/2 cucchiaino di noce moscata
- 5 Cubetti di ghiaccio

Componenti Nutritivi:

- Calorie: 350
- Proteine: 35g
- Carboidrati: 21g
- Grassi: 10g

Giorno 23

Colazione: Frullato di zucca

Frullato con pochi carboidrati

Ecco un frullato per te essendo una grande fonte di proteine che ti fornisce un alto livello di energia durante la giornata. L'olio di lino e lo yogurt apportano diversi ingredienti per tutte le funzioni del tuo organismo e contribuisce a darti una fonte di calcio ed omega 3.

Preparazione:

Mescola tutti gli ingredienti insieme in una centrifuga o frullatore ad alta velocità e poi gusta un delizioso frullato.

Ingredienti:

- 2 Misurini di proteine del latte in polvere
- 8 oz di acqua
- 1 cucchiai di olio di lino
- 1 cucchiaino di torta di zucca
- 8 oz di Yogurt
- 4-6 cubetti di ghiaccio

Componenti Nutritivi:

- Calorie: 300
- Proteine: 40g
- Carboidrati: 26g
- Grassi: 11g

Giorno 24

Colazione: Frullato alla Cannella

Frullato per incrementare la massa muscolare

Questo frullato deve essere consumato al mattino presto prima di una sessione di allenamento, perché è un buon fornitore di energia e contribuisce ad accelerare il recupero muscolare.

Preparazione:

Mescola tutti gli ingredienti insieme in una centrifuga o frullatore ad alta velocità e poi gusta un delizioso frullato.

Ingredienti:

- 1 cracker di Graham
- 1/2 cucchiaino di cannella
- estratto di vaniglia
- 12oz di acqua
- 4 Cubetti di ghiaccio

Componenti Nutritivi:

- Calorie: 280

- Proteine: 10g

- Carboidrati: 15g

- Grassi: 5g

Giorno 25

Colazione: Frullato di Burro di arachidi e Banana

Frullato per incrementare la massa muscolare

Il Burro di Arachidi è una grande fonte di proteine e di energia. Molti atleti usano il burro di arachidi come fonte principale di energia prima dell'allenamento o prima di una competizione. Il contenuto di banana e mandorla migliora il sapore e rendono il frullato ancora più digestivo.

Preparazione:

Mescola tutti gli ingredienti insieme in una centrifuga o frullatore ad alta velocità e poi gusta un delizioso frullato.

Ingredienti:

- 2 misurini di proteine del siero del latte in polvere
- 100g mandorle a pezzi
- 1 cucchiai di burro di arachidi
- 500ml di latte scremato
- mezza banana

- 1 cucchiaio di miele

Componenti Nutritivi:

- Calorie: 600

- Proteine: 55g

- Carboidrati: 35g

- Grassi: 10g

Giorno 26

Colazione: Frullato Super Mix

Frullato per incrementare la massa muscolare

A seconda del metabolismo, alcuni frullati funzionano meglio di altri. Per chi preferisce un gusto dolce, questa sarà un'ottima ricetta. E' possibile riadattare alcuni ingredienti e modificare il sapore in base ai propri gusti, come il caramello, le nocciole o yogurt alla vaniglia.

Preparazione:

Mescola tutti gli ingredienti insieme in una centrifuga o frullatore ad alta velocità e poi gusta un delizioso frullato.

Ingredienti:

- 10 Cubetti di ghiaccio
- 12 oz di latte senza grassi
- 2 cucchiai di yogurt alla vaniglia senza grassi o Kefir
- 1 cucchiai di burro di arachidi con pochi grassi
- 2 cucchiai di nocciole
- 1 cucchiaio di gelato al caramello per decorazione

Componenti Nutritivi:

- Calorie: 430
- Proteine: 23g
- Carboidrati: 20g
- Grassi: 11g

Giorno 27

Colazione: Frullato alla banana per la massa magra

Frullato per incrementare la massa muscolare

Le persone che si attengono ad una dieta mirata all'incremento muscolare giornaliero possono avere maggiori benefici se aggiungono i frullati che stimolano i muscoli grazie alla loro facilità di preparazione e grazie a quanto velocemente il corpo riesce ad assorbire le proteine ed i nutrienti.

Preparazione:

Mescola tutti gli ingredienti insieme in una centrifuga o frullatore ad alta velocità e poi gusta un delizioso frullato.

Ingredienti:

- 1/2 Banana ghiacciata

- 2 cucchiai di panna da montare (panna, non crema in barattolo)

- 2 uova

- 10-12 oz di acqua

- 4-6 cubetti di ghiaccio

Componenti Nutritivi:

- Calorie: 320

- Proteine: 18g

- Carboidrati: 15g

- Grassi: 9g

Giorno 28

Pranzo: Frullato dolce ed energetico

Frullato per incrementare la massa muscolare

Questo è un grande esempio di frullato con ingredienti molto diversi, ma così combinati sono una grande fonte di proteine e aumenteranno le prestazioni palestra.

Preparazione:

Mescola tutti gli ingredienti insieme in una centrifuga o frullatore ad alta velocità e poi gusta un delizioso frullato.

Ingredienti:

- 1 banana media o grande
- 8 oz di Latte magro
- 1 cucchiai di Miscela di semi di lino e di mandorle
- 1 cucchiaino di succo d'acero
- Poche gocce di essenza di vaniglia / estratto
- 3-4 cubetti di ghiaccio
- 1 cucchiai di yogurt naturale con pochi grassi

Componenti Nutritivi:

- Calorie: 450
- Proteine: 19g
- Carboidrati: 16g
- Grassi: 10g

Giorno 29

Colazione: Frullato all'arancia

Frullato per incrementare la massa muscolare

Cominciamo la giornata con un frullato impressionante per aumentare il nostro sistema immunitario e aiutarci ad aumentare i muscoli. Questa ricetta è ad alto contenuto di vitamina C e potassio grazie al succo d'arancia e fragole che consentirà ai muscoli di recuperare più velocemente.

Preparazione:

Mescola tutti gli ingredienti insieme in una centrifuga o frullatore ad alta velocità e poi gusta un delizioso frullato.

Ingredienti:

- 8 oz di Orange Juice
- 4-5 cubetti di ghiaccio
- 1 cucchiaino di Estratto di vaniglia
- ½ banana
- 2-3 fragole congelate
- 2 cucchiaino di honey

Componenti Nutritivi:

- Calorie: 291

- Proteine: 15g

- Carboidrati: 12g

- Grassi: 5g

Giorno 30

Colazione: Frullato energico alle mandorle

Frullato per incrementare la massa muscolare

Potrai avere una migliore digestione dopo questo frullato con questa combinazione di farina d'avena, uva passa, mandorle, burro di arachidi. L'uvetta conferisce un sapore particolare e la farina d'avena dà una consistenza diversa rispetto ad altri frullati.

Preparazione:

Mescola tutti gli ingredienti insieme in una centrifuga o frullatore ad alta velocità e poi gusta un delizioso frullato.

Ingredienti:

- 10-12 oz di latte scremato
- 1.2 tazza di farina d'avena
- 1.2 tazza di uva passa
- 12 mandorle tagliuzzate
- 1 cucchiai di burro di arachidi.

Componenti Nutritivi:

- Calorie: 380

- Proteine: 18g

- Carboidrati: 15g

- Grassi: 12g

Giorno 31

Colazione: Frullato di bacche selvatiche

Frullato per incrementare la massa muscolare

I lamponi sono noti per essere grandi fornitori di vitamina C e antiossidanti e molti medici li suggeriscono come un integratore anti-cancro da assumere ogni giorno tra alimenti e pasti. E' la miscela perfetta per coloro che vogliono aumentare la massa muscolare e la forza. È possibile sostituire uno spuntino ordinario con questa bevanda sana che non è molto carica in Proteine, ma ti aiuterà a prenderti una pausa da tutti gli altri frullati proteici utilizzati su base giornaliera.

Preparazione:

Mescola tutti gli ingredienti insieme in una centrifuga o frullatore ad alta velocità e poi gusta un delizioso frullato.

Ingredienti:

- 8 lamponi
- 4 fragole
- 15 mirtilli

- 16 once di latte senza grassi
- 1/2 tazza di cubetti di ghiaccio

Componenti Nutritivi:

- Calorie: 210
- Proteine: 9g
- Carboidrati: 10g
- Grassi: 8g

Giorno 32

Colazione: Frullato Banana ed arachidi

Frullato per incrementare la massa muscolare

In termini di nutrizione questo frullato apporta moltissime proteine magre e carboidrati complessi, quindi aumenterà la crescita muscolare ed il recupero. Esso ti darà anche un impulso di energia per il tuo allenamento, se lo bevi mezz'ora prima.

Preparazione:

Mescola tutti gli ingredienti insieme in una centrifuga o frullatore ad alta velocità e poi gusta un delizioso frullato.

Ingredienti:

- ½ tazza di arachidi
- 1/2 Banana
- 1 Tazza di Di latte scremato
- 1/4 Tazza di Fiocchi d'avena Quaker
- 2 Cubetti di ghiaccio
- Un pizzico di sale

Componenti Nutritivi:

- Calorie: 230

- Proteine: 18g

- Carboidrati: 12g

- Grassi: 5g

Giorno 33

Colazione: Frullato carote e ananas

Frullato per incrementare la massa muscolare

Questo frullato potrebbe sembrare un po' strano per voi ragazzi, ma credetemi è una buona ricetta per voi e il vostro corpo. È possibile rimuovere o diminuire le porzioni per alcuni degli ingredienti a seconda delle preferenze in quanto questo mix è molto diverso da tutti gli altri.

Preparazione:

Mescola tutti gli ingredienti insieme in una centrifuga o frullatore ad alta velocità e poi gusta un delizioso frullato.

Ingredienti:

- 1 tazza di latte al cioccolato
- 3/4 c carote tagliuzzate
- 10 pezzi di ananas congelati
- 2 cucchiaino di cocco grattugiato al naturale
- 1 cucchiaino di vanilla
- 1 cucchiaino di crema dolce

- 4 oz di crema di formaggio o formaggio Neufchatel

Componenti Nutritivi:

- Calorie: 220

- Proteine: 21g

- Carboidrati: 13g

- Grassi: 13g

Giorno 34

Lunch: Frullato di zucca

Frullato per incrementare la massa muscolare

Ottimo frullato che ti farà guadagnare un incremento della massa muscolare, con un gusto molto particolare che lo rende interessante da bere, pur consumando una discreta quantità di proteine. E' il complemento perfetto per il recupero e l'incremento muscolare.

Preparazione:

Mescola tutti gli ingredienti insieme in una centrifuga o frullatore ad alta velocità e poi gusta un delizioso frullato.

Ingredienti:

- 3/4 c. latte (qualsiasi tipo)
- 1/4 c. zucca in scatola
- 1 cucchiai di Torta di zucca sciroppata aromatizzata
- 1/2 cucchiaino di torta speziata alla zucca
- 10 cubetti di ghiaccio

Componenti Nutritivi:

- Calorie: 235

- Proteine: 20g

- Carboidrati: 17g

- Grassi: 1.5g

Giorno 35

Colazione: Frullato Mela e Mirtilli

Frullato per una carica energetica

Mantenere un alto livello di energia è l'obiettivo di questo frullato. Ti fornirà tutte le proteine di cui hai bisogno se ti senti un po' stanco durante le giornate nelle quali hai affrontato un duro allenamento.

Preparazione:

Mescola tutti gli ingredienti insieme in una centrifuga o frullatore ad alta velocità e poi gusta un delizioso frullato.

Ingredienti:

- 1/2 piccola mela tagliata in piccoli pezzi (con la buccia)
- 1/2 tazza di ciliegie (scure, dolce, snocciolate)
- 1/2 tazza di mirtilli
- 4 cucchiai di germe di grano
- cubetti di ghiaccio (se li desideri)
- 1/2 tazza di proteine del siero del latte

Componenti Nutritivi:

- Calorie:300

- Proteine: 39g

- Carboidrati: 18g

- Grassi: 5g

PASTI POST-COMPETIZIONE NEL BODYBUILDING

Pranzo ricetta 1

Chicken Vegetable Casserole

Questa è la versione più sana di un pranzo tradizionale e piacevole. Tutto è fresco e sano, quindi non c'è bisogno di zuppe istantanee o sughi.

Ingredienti:

12 oz dadini cotti petti di pollo

2 cucchiaio/i/l Farina

2 cucchiaino/l burro

10 oz latte scremato

Pepe bianco

1 cucchiaio/i/l condimento italiano

1 cucchiaino/l formaggio parmigiano grattugiato

7 oz penne

2 peperoni gialli o arancioni tritati

1 zucchina tagliata

2 teste tritate di broccoli,

1/3 tazza di Monterey Jack

spray da cucina antiaderente

Preparazione:

Metti il burro in un pentolino già caldo a fuoco medio. Una volta che il burro si scioglierà, aggiungi la farina e mescola per 1 minuto. Aggiungi il latte e continua a mescolare fino a quando bolle. Abbassa la fiamma e fai sobbollire per 10 minuti. Aggiungi pepe, condimento e formaggio. Mescola per amalgamare. Cuoci la pasta secondo le indicazioni sulla confezione. Preriscalda il forno a 350 gradi. Durante l'ultimo minuto di cottura della pasta, aggiungi i broccoli in acqua. Lascia cuocere a fuoco lento.

Scola pasta e broccoli. Spruzza il fondo e i lati di una teglia di 9 x 13 con spray da cucina antiaderente.

In una ciotola, unisci pasta e broccoli con il pollo e le verdure; copri con la salsa. Metti nella teglia. Cospargi con il formaggio Monterey e copri con un foglio.

Cuoci in forno per 20 minuti; rimuovi la pellicola e cuoci ancora fino a quando formaggio sarà sciolto.

Calorie: 320.6

Grassi: 8.9 g

Colesterolo: 51.8 mg

Sodio: 175.3 mg

Carboidrati totali: 36.1 g

Fibra: 8.8 g

Proteine: 27.9 g

Pranzo ricetta 2

BBQ Chicken Flatbreads

Questa ricetta di famiglia è ideale per le calde giornate estive ed è ricca di proteine. Se ti piace la pizza, ma vuoi anche stare in forma, questo è un ottimo sostituto.

Ingredienti:

2 focacce

1 cipolla rossa, a fette

1 peperone giallo o rosso, a fette

pepe nero

12 once petto di pollo disossato e senza pelle

1/4 tazza di salsa barbeque

1 cucchiaio succo di Ananas

1/4 tazza di ananas trito

1/4 tazza di Monterey Jack tagliuzzato

2 fette di pancetta canadese trita

Preparazione:

Preriscalda il grill a 500 gradi Fahrenheit.

Metti le cipolle e I peperoni su un grande foglio di carta, quindi cospargi con il pepe.

Bagna entrambi i lati del pollo con spray da cucina.

Metti verdure e pollo sulla griglia. Cuoci il pollo tre o quattro minuti per lato.

Rimuovi il pollo e verdure dalla griglia, poi abbassa il fuoco a 400 gradi Fahrenheit.

Taglia il pollo a pezzettini. Aggiungi le vuovoies alla griglia, la salsa barbecue ed il succo d'ananas in un frullatore.

Disponi le focacce come fossero delle pizze. Stendi 1/2 tazza di salsa su ogni focaccia e cospargi di pollo, formaggio, ananas, e pancetta e mettile sulla griglia. Cuoci per 10 minuti, fino a quando il formaggio sarà sciolto.

Togli dal fuoco.

Calorie: 233.4

Grassi: 5.1 g

Colesterolo: 61.5 mg

Sodio: 234.2 mg

Carboidrati totali: 21.4 g

Fibra: 2.9 g

Proteine: 25.8 g

Pranzo ricetta 3

Mexican Casserole

Questo è uno dei piatti favoriti della famiglia! È sano, piccante e ricco di proteine.

1 barattolo di crema di zuppa di funghi

1 lattina di zuppa di pollo magra

2 lattine di acqua

1 confezione di fagioli neri scolati e sciacquati

1 pomodoro a dadini

1 1/2 c di riso istantaneo

1 pkg condimento per taco

coriandolo e cipolle verdi trite

3 chili petti di pollo disossato, senza pelle congelato

1 tazza di formaggio cheddar tagliuzzato

Preparazione:

Preriscalda il forno a 350.

Ungi una casseruola di 13x9 pollici con spray da cucina. In una ciotola, sbatti insieme le zuppe, acqua e condimento, poi versa nel piatto. Cospargi il riso, quindi metti i petti di pollo (ancora congelati) sulla parte superiore.

Versa i fagioli e pomodori sul pollo, cospargi di coriandolo e cipolle verdi.

Copri con un foglio e cuoci per 1 ora e 40 minuti.

Rimuovi il foglio, cospargi di formaggio e fallo sciogliere cuocendo per altri 10 minuti.

Calorie: 269.9

Grassi: 5.1 g

Colesterolo: 79.3 mg

Sodio: 546.4 mg

Carboidrati totali: 19.3 g

Fibra: 3.8 g

Proteine: 34.4 g

Pranzo ricetta 4

Protein-rich vegan chili

I pasti vegani non devono essere per forza insapori. Questo meraviglioso chili è privo di latticini e carne, ma ha un gusto davvero delizioso.

Ingredienti:

4 lattine di salsa di pomodoro

1 scatola di fagioli Pinto

1 cipolla tagliata a cubetti Vidalia

Un pacchetto di crumbles

1 quadratino di cioccolato al 72% di cacao

2 cucchiai di polvere di peperoncino

1 cucchiaio di pepe nero

1/2 cucchiaino di cannella

1/2 cucchiaino di noce moscata

Preparazione:

In una padella antiaderente soffriggi I crambles e la cipolla a dadini fino a quando la cipolla sarà morbida. Poi unisci tutti gli ingredienti in una pentola cuoci lentamente per 3 ore, quindi abbassa I fuochi fino al momento di servire.

Calorie: 348.2

Grassi: 3.0 g

Colesterolo: 0.0 mg

Sodio: 2,408.5 mg

Carboidrati totali: 44.7 g

Fibra: 18.6 g

Proteine: 56.9 g

Pranzo ricetta 5

White beans soup

Questa ricetta semplice e facile è adatta ad un pranzo estivo, ed apporta 80 grammi di proteine. È deliziosa e può essere preparata con quasi tutto quello che puoi avere nel frigo.

Ingredienti:

2 petti di pollo - senza pelle, disossati tagliati in bocconcini

2 carote a fette

7 gambi di sedano a fette

1 cipolla tagliata a dadini grandi

1/4 c fagioli secchi

1/4 c ceci secchi

1/4 c orzo perlato secco

1/4 c riso crudo

1/4 c riso selvatico (crudo)

1/4 c farro crudo

1/4 c quinoa cruda

Sale marino, pepe e prezzemolo qb

Acqua

Preparazione:

Aggiungi 2 tazze di acqua in una pentola. Aggiungi tutti gli altri ingredienti e porta ad ebollizione. Aggiungi più acqua per riempire la pentola. Porta ad ebollizione. Metti il coperchio e abbassa la fiamma. Togli il coperchio e mescola. Se l'acqua si riduce, aggiungine un po' per portarla al livello iniziale. Continua la cottura fino a quando sono cotti tutti i fagioli. Ciò dovrebbe richiedere circa 3 ore.

Calorie: 116

Grassi: 1.9 g

Colesterolo: 21 mg

Sodio: 70 mg

Carboidrati totali: 15 g

Fibra: 3 g

Proteine: 10.9 g

Pranzo ricetta 6

Mexican tuna salad

Se sei di fretta e desideri un pasto fresco, non pensarci su. Questa incredibile insalata è sana e ricca di proteine per aiutare a costruire i muscoli.

Ingredienti:

1 cipolla grande tritata

2 grandi pomodori

mazzetto di coriandolo

400 grammi di tonno

succo di 1 limone

Preparazione:

Trita la cipolla e coprila con del sale. Copri le cipolle salate in acqua. Lascia riposare per 30 minuti. Dopo che si saranno ammorbidite, scolale e risciacqua con tanta acqua corrente.

Trita pomodori e coriandolo e uniscili alle cipolle. Spremici del succo sopra. Apri e scola la scatoletta di tonno e aggiungilo al composto. Spezza il tonno in pezzi di piccolo dimensioni e mescolare.

Calorie: 308.8

Grassi: 2.5 g

Colesterolo: 60.0 mg

Sodio: 695.3 mg

Carboidrati totali: 18.5 g

Fibra: 4.3 g

Proteine: 53.7 g

Pranzo ricetta 7

Mediterranean fish

Aggiungi un po' di mare alla tua mensa con questo bellissimo pesce al forno. È fatto con ingredienti magri, e lo puoi consumare all'infinito.

Ingredienti:

2 cucchiaino olio di oliva

1 grande cipolla a fette

1 pomodoro interno, scolato e tagliato grossolanamente

1 foglia di alloro

1 spicchio d'aglio tritato

3/4 tazza di succo di mela

1/2 tazza di passato di pomodoro

1/4 tazza di succo di limone

1/4 tazza di succo d'arancia

1 cucchiaio di buccia d'arancia grattugiata

1 cucchiaino di semi di finocchio tritato

1/2 cucchiaino di origano essiccato

1/2 cucchiaino di timo essiccato

1/2 cucchiaino di basilico essiccato

Pepe nero qb

1 lb filetti di pesce

Preparazione:

Scalda l'olio in padella. Aggiungi la cipolla e soffriggi fino a renderla morbida. Aggiungi tutti gli altri ingredienti tranne i pesci. Fai sobbollire a pentola scoperta per 30 minuti. Disponi il pesce in una pirofila da 10x6", copri con la salsa e cuoci in forno a 375 F circa per 15 minuti, fino a complete cottura dei filetti.

Calorie: 225.5

Grassi: 4.4 g

Colesterolo: 77.5 mg

Sodio: 277.0 mg

Carboidrati totali: 17.3 g

Fibra: 2.5 g

Proteine: 29.4 g

Pranzo ricetta 8

Moroccan chicken

Con quasi nessun grasso, questo pollo tradizionale marocchino è così sano che lo puoi sentire! Non c'è quasi nessuno sforzo nel farlo, quindi è un piacere per i tuoi giorni più duri.

Ingredienti:

2 tazze di trito di carote

1,5 tazze di lenticchie secche

2 lb. petto di pollo disossato e senza pelle

2 cucchiai di aglio tritato

3/4 cucchiaino / i di sale

3/4 cucchiaino / i di curcuma

1/2 cucchiaino di pepe di Caienna

1/2 cucchiaino di cannella

4 tazze di brodo di pollo magro

Preparazione:

Metti tutti gli ingredienti nello stesso ordine in una pentola di coccio. Copri e cuoci per 5 ore.

Calorie: 355

Grassi: 2 g

Colesterolo: 87 mg

Sodio: 763 mg

Carboidrati totali: 32 g

Fibra: 16 g

Proteine: 49 g

Pranzo ricetta 9

Marinated Chicken Breasts

Questo è il piatto preferito dei bambini. I petti di pollo marinati come questo possono essere congelati e poi scongelati semplicemente quando vuoi!

Ingredienti:

1 c burrolatte

1 Cucchiaio / i di Senape di Digione

1 Cucchiaio / i di miele

1 Cucchiaio / i di rosmarino fresco

1/2 cucchiaino di timo essiccato

1/2 cucchiaino di salvia essiccata

1/2 cucchiaino di maggiorana essiccata

1/2 cucchiaino di pepe

1 cucchiaino di sale

8 petti di pollo disossati

Preparazione:

Mescola burrolatte, senape, miele e spezie, e versa sopra i petti di pollo in un sacchetto del freezer. Griglia a fuoco medio fino a togliere tutti I succhi.

Calorie: 282.8

Grassi: 3.2 g

Colesterolo: 138.1 mg

Sodio: 521.5 mg

Carboidrati totali: 3.9 g

Fibra: 0.1 g

Proteine: 55.6 g

Pranzo ricetta 10

White beans tuna salad

Si tratta di un restyling rinfrescante della tua insalata di tonno preferita. Se fatta con pomodori e cocomero, si tratta di un pranzo leggero meraviglioso ricco di proteine.

Ingredienti:

2 lattine di tonno in acqua

1 lattina di fagioli bianchi o ceci

1 peperone rosso a dadini

1/4 tazza di cipolla rossa tagliata a dadini

1 cucchiaio / i di olio di oliva

succo di 1 limone

Prezzemolo, pomodori, cocomero

Preparazione:

Mescola il tutto e fai raffreddare in frigorifero per almeno 4 ore. Servi su un letto di verdure con cocomero e pomodori.

Calorie: 219.1

Grassi: 4.1 g

Colesterolo: 24.7 mg

Sodio: 421.6 mg

Carboidrati totali: 20.4 g

Fibra: 6.1 g

Proteine: 27.6 g

Pranzo ricetta 11

Turkey meatloaf

Il polpettone è un pasto adatto a tutti. Tuttavia, qui c'è una versione più sana di un polpettone che è così irresistibile.

Ingredienti:

2 libbre di Tacchino allevato a terra

1-pkg mix per ripieno

1 grande uovo

1 / 2c. acqua filtrata

1 / 4c. Ketchup

Preparazione:

Preriscalda il forno a 350 gradi. Mescolare tutti gli ingredienti, ma lascia da parte 1/8c. di Ketchup. Crea il polpettone e mettilo in una pirofila. Ricopri con il restante ketchup e cuoci a 350 gradi per 45-55 minuti.

Calorie: 220.6

Grassi: 2.7 g

Colesterolo: 72.1 mg

Sodio: 445.2 mg

Carboidrati totali: 13.3 g

Fibra: 0.4 g

Proteine: 28.5 g

Pranzo ricetta 12

Easy-to-make chicken creole

Questo piatto tradizionale del sud non ha aggiunta di grassi, ed è super facile e veloce da fare.

Ingredienti:

Spray da cucina antiaderente

4 metà di petto di pollo medio, senza pelle, disossato e tagliato a listarelle

1 lattina (14 once) di pomodori

1 tazza di salsa di peperoncino poco salata

1-1 / 2 tazze di peperoni verdi

1/2 tazza di trito di sedano

1/4 tazza di trito di cipolla

2 spicchi d'aglio tritato

1 cucchiaio / i di basilico fresco

1 cucchiaio / i di prezzemolo fresco

1/4 cucchiaino di peperoncino tritato

1/4 cucchiaino di sale

Preparazione:

Ungi una padella antiaderente con lo spray. Accendi Il gas a fuoco vivo. Cuoci mescolando il pollo, per 3-5 minuti. Riduci il calore. Aggiungi pomodori e succo, salsa di peperoncino, pepe verde, sedano, cipolla, aglio, basilico, prezzemolo, peperoncino e sale. Porta ad ebollizione; riduci il calore e fai sobbollire per 10 minuti. Servire su riso o pasta calda.

Calorie: 255.4

Grassi: 4.5 g

Colesterolo: 77.0 mg

Sodio: 652.4 mg

Carboidrati totali: 20.7 g

Fibra: 4.3 g

Proteine: 33.3 g

Cena ricetta 13

Bean Salad

Questa è molto più di un'insalata. È perfetta per le cene quando hai bisogno di pianificarle in anticipo.

Ingredienti:

6 fette di pancetta

3 lattine 15.5 once di

Fagioli cannellini, sciacquati

3 cucchiai di aceto di sidro di mela

3 cucchiai olio di oliva

3 cucchiai di senape in grani

Kosher sale e pepe nero

3 cucchiai

erba cipollina fresca tritata

Cuoci la pancetta in una padella a fuoco medio fino a quando diventa croccante; copri e metti da parte a temperatura ambiente. Unisci fagioli, aceto, olio, e senape e condisci con ½ cucchiaino di sale e pepe. Metti in frigorifero per 8 ore. Prima di servire, condisci con l'erba cipollina e la pancetta.

Calorie 138

Grassi 7 g

Grassi saturi 1 g

Colesterolo 5 mg

Sodio 416 mg

Proteine 5 g

Carboidrati 13 g

Zucchero 0 g

Fibra 3 g

Ferro 1 mg

Calcio 28 mg

Cena ricetta 14

Turkey cutlets with peppers and beans

Questa ricetta è per una cena piacevole in famiglia che ti rifornirà delle proteine perdute durante la giornata!

Ingredienti:

2 cucchiai olio di oliva

8 cotolette di tacchino (circa 1 1/2 libbre), pestate

Kosher sale e pepe nero

2 peperoni medi tagliati a fette sottili

2 grandi scalogni, a fette

1 15.5 once di fagioli cannellini, sciacquati

1/2 tazza di olive snocciolate di Kalamata

1/2 tazza di foglie fresche di prezzemolo

1 cucchiaio di aceto di vino rosso

Preparazione:

Scalda 1 cucchiaio dell'olio in una grande padella a fuoco medio. Cospargi il tacchino con ¼ cucchiaino di sale e pepe nero. Separa in due parti, cuoci il tacchino fino a complete cottura, 2-3 Minuti per lato.

Riscalda un cucchiaio di olio in una seconda grande padella a fuoco medio-alto. Aggiungi i peperoni, scalogno, ½ cucchiaino di sale, e ¼ cucchiaino di pepe nero. Cuoci fino a quando tutto sarà ammorbidito, 5-7 minuti. Aggiungi fagioli, olive, prezzemolo e aceto nella padella e mescola. Servi il tacchino farcito con il composto di verdure.

Calorie 414

Grassi 20 g

Grassi saturi5 g

Colesterolo 97 mg

Sodio 755 mg

Proteine 40 g

Carboidrati 16 g

Zucchero 2 g

Fibra 4 g

Ferro 3 mg

Calcio 79 mg

Cena ricetta 15

Steak with skillet pomodori

Ammettiamolo, tutti noi amiamo la bistecca. È così deliziosa, che ammalierà le papille gustative di chiunque.

Ingredienti:

Kosher sale e pepe nero

3 cucchiai più 3 cucchiaini di olio di oliva

2 bistecche (1 pollice di spessore, circa 1 1/2 libbre in totale)

2 pinte di succo di pomodoro

1/4 tazza foglie di origano fresco

1 libbra di fagioli verdi, tagliati

2 spicchi d'aglio, a fette sottili

1/4 - 1/2 cucchiaino di peperoncino tritato

Portate una pentola di acqua salata a bollore.

Preparazione:

Scalda 2 cucchiaini di olio in una padella a fuoco medio-alto. Condisci le bistecche con ½ cucchiaino di sale e ¼ cucchiaino di pepe nero e cuoci per il grado di cottura desiderato su ogni lato. Lascia a riposo per 5 minuti prima affettare.

Pulisci la padella e scalda 1 cucchiaino di olio rimanente a fuoco medio-alto. Aggiungi il pomodoro e ¼ cucchiaino di sale e pepe nero. Cuoci per ammorbidire, 4-6 minuti. Mescola l'origano.

Nel frattempo cuoci i fagiolini finché sono teneri, da 3 a 4 Minuti, e poi scolali. Pulisci la pentola e scalda l'aglio nei restanti 3 cucchiai di olio a fuoco medio, mescolando, fino a renderlo fragrante, 1-2 minuti. Aggiungi i fagioli, ½ cucchiaino di sale, e ¼ cucchiaino di pepe nero e mescola. Cospargi con il peperoncino e servi con la bistecca e pomodori.

Calorie 325

Grassi 13 g

Grassi saturi 4 g

Colesterolo 74 mg

Sodio 863 mg

Proteine 37 g

Carboidrati 15 g

Zucchero 4 g

Fibra 6 g

Ferro 4 mg

Calcio 86 mg

Cena ricetta 16

Bean and spinaci enchiladas

Aggiungi un pizzico di spirito messicano alla tua tavola con questa ricotta estiva!

Ingredienti

1 15.5 once di fagioli neri

1 10- once di spinaci tritati

1 tazza di mais

1/2 cucchiaino di cumino macinato

8 once di cheddar tagliato

Kosher sale e pepe nero

2 vasetti da 16 once di salsa

8 tortillas di mais da 6 pollici, calde

1 testa media di lattuga romana

4 ravanelli, tagliati

1/2 tazza di succo di pomodori

1/2 cocomero, a fette

3 cucchiai

Fresco succo di lime

2 Cucchiai

Olio di oliva

Scalogno a fette

Preparazione:

In una ciotola media, schiaccia la metà dei fagioli. Aggiungi spinaci, mais, cumino, 1 tazza di Cheddar, i rimanenti fagioli, ½ cucchiaino di sale, e ¼ cucchiaino di pepe e mescola.

Stendi 1 vasetto di salsa sul fondo di una pentola a fuoco basso. Dividi in modo uniforme, arrotola la miscela di fagioli nelle tortillas e posiziona l'apertura rivolta verso il basso in un unico strato a fuoco lento. Copri con la salsa rimanente e del Cheddar.

Copri e cuoci fino a riscaldare lentamente il tutto, a fuoco basso per 2½ o 3 ore.

Prima di servire, condisci lattuga, ravanelli, pomodori, e cocomero in una grande ciotola con il succo di lime, olio e ½ cucchiaino di sale e pepe. Servi con le enchiladas e cospargi con lo scalogno.

Calorie 576

Grassi 28 g

Grassi saturi 11 g

Colesterolo 61 mg

Sodio 2,457 mg

Proteine 28 g

Carboidrati 60 g

Zucchero 10 g

Fibra 12 g

Ferro 4 mg

Calcio 621 mg

Cena ricetta 17

Spanish omelet with potatoes and chorizo

Questa splendida frittata può essere la tua prima colazione, oppure una cena. In entrambi i casi, è ricca di sostanze nutritive e di buon sapore!

Ingredienti:

3 cucchiai di olio extra vergine di oliva

1 grossa cipolla gialla

2 once di salsiccia spagnola, affettata in mezzelune sottili

3/4 libbra di patate rosse

Kosher sale e pepe

3/4 tazza di prezzemolo, trito

10 grandi uova sbattute

1 tazza di formaggio cheddar tagliuzzato

1 piccola testa verde di lattuga

1/2 cipolla rossa piccola, affettata sottilmente

Preparazione:

Preriscalda il forno a 400 ° F. Scalda 1 cucchiaio dell'olio in una grande padella a fuoco medio. Aggiungi la cipolla gialla e cuoci per 5 minuti. Aggiungi salsicce, patate e ½ cucchiaino di sale e pepe e fai cuocere, coperto, mescolando di tanto in tanto, finché le patate saranno tenere, per 10 minuti.

Aggiungi il prezzemolo. Versa le uova e mescola per distribuire gli ingredienti. Cospargi con il formaggio e trasferisci in forno.

Cuoci fino a quando la frittata diventa alta e scura intorno ai bordi e quando un coltello uscirà pulito, circa 15 minuti.

Dividi cipolla e lattuga tra I piatti e condisci con l'olio rimasto. Taglia la frittata a spicchi e servi con l'insalata.

Proteine 29 g

Carboidrati 23 g

Zucchero 5 g

Fibra 4 g

Grassi 37 g

Grassi saturi 12 g

Sodio 804 mg

Colesterolo 572 mg

Cena ricetta 18

Slow-cooked corned beef and cabbage

Se fai parte di una grande famiglia, allora questo piatto sarà ottimo per te. E' una classica ma incredibile ricotta delle nonne dei Balcani.

Ingredienti:

4 rametti di timo fresco

1 cucchiaino semi di cumino

1-3 libbre di petto di manzo in scatola

1 libbra di carote, tagliate a metà trasversalmente

1/2 piccolo cavolo verde

1 libbra di piccole patate rosse

Senape

Preparazione:

Unisci timo, semi di cumino, carne di manzo (tagliata a metà per cuocerla meglio) con il mix di spezie, carote, cavoli, patate e ½ tazza di acqua in una pentola a fuoco lento. Cuoci, coperto, fino a quando la carne sarà tenera, a bassa temperature per 7 o 8 ore o a fuoco più vivo per 4 a 5 ore (questo ridurrà il tempo totale della ricetta).

Trasferisci la carne su un tagliere e taglia sottilmente.

Servi caldo con carote, cavoli, patate e senape, cosparsi di foglie di timo fresco.

Calorie 676

Grassi 39 g

Grassi saturi13 g

Colesterolo 197 mg

Sodio 2393 mg

Proteine 42 g

Carboidrati 39

Zucchero 11 g

Fibra 9 g

Ferro 6 mg

Calcio 151 mg

Cena ricetta 19

Shrimp risotto

Riso e gamberi, pare delizioso. Ci sono molte varianti, ma questa è la più sana!

Ingredienti:

4 cucchiai (1/2 stick) di burro non salato

1 piccolo finocchio, trito, più 2 cucchiai di foglie di finocchio, tritate

1 cipolla piccola, tritata

2 tazze di riso

3/4 tazza di vino bianco secco

Kosher sale e pepe nero

8 tazze di brodo di pollo con poco sale, riscaldato

1 libbra di gamberetti grandi sgusciati e puliti

1 1/2 once di parmigiana

Preparazione:

Fai sciogliere 2 cucchiai di burro in una pentola o forno olandese a fuoco medio. Aggiungi il finocchio e la cipolla. Cuoci fino ad ammorbidirli, da 8 a 12 minuti.

Aggiungi il riso e mescola fino a quando si mischiano. Sfuma con il vino, aggiungi ¾ cucchiaini di sale, ¼ di cucchiaino di pepe. Cuoci fino a quando il vino sarà evaporato, 1-2 minuti. Aggiungi 1 tazza di brodo alla volta e fai cuocere, mescolando di tanto in tanto fino a quando il riso sarà tenero, 20-25 minuti.

Aggiungi i gamberi e fai cuocere fino a quando sarà tutto fumante, 4 minuti. Togli dal fuoco e manteca con il parmigiano ed i restanti 2 cucchiai di burro.

Servi caldo condito con le foglie di finocchio.

Calorie 440

Grassi 12 g

Grassi saturi7 g

Colesterolo 144 mg

Sodio 705 mg

Proteine 26 g

Carboidrati 56 g

Zucchero 2 g

Fibra 4 g

Ferro 2 mg

Calcio 150 mg

Cena ricetta 20

Light chicken with gavena formaggio

Molte persone non apprezzano il gusto del formaggio Gavena. Questa ricetta è per loro – e per togliere qualsiasi dubbio, diventerà il loro formaggio preferito!

Ingredienti:

1 tazza di caffè d'orzo

1/3 tazza di più 1 cucchiaio di olio di oliva

1/4 tazza di prezzemolo tritato a foglia fresca

1/4 cucchiaino di peperoncino tritato

2 once di Gavena

4-6 once disossate di petti di pollo senza pelle

Kosher sale e pepe nero

Preparazione:

Cuoci il caffè d'orzo, secondo le indicazioni sulla confezione.

Nel frattempo, in una piccola ciotola, unisci ⅓ di tazza di olio di oliva, il prezzemolo, e il peperoncino tritato; metti tutto nel formaggio Gavena.

Condisci il pollo con ½ cucchiaino di sale e ¼ cucchiaino di pepe. In una grande padella, scalda il cucchiaio rimanente di olio a fuoco medio-alto. Cuoci un po' per volta il pollo fino a cottura totale, 2-3 minuti per lato. Servi con il caffè d'orzo e la vinaigrette di formaggio.

Calorie da grassi 269

Grassi 30 g

Grassi saturi 7 g

Colesterolo 105 mg

Sodio 400 mg

Proteine 44 g

Carboidrati 36 g

Zucchero 2 g

Fibra 2 g

Ferro 3 mg

Calcio 73 mg

Cena ricetta 21

Squash lasagna

Ci sono molti modi per preparare la zucca, ma hai mai provato le lasagne? Questa è la tua occasione per innamorarti di questa verdura meravigliosa.

Ingredienti:

2 pacchetti di 10-12 once di purea congelato di zucca, scongelati

1/8 cucchiaino di noce moscata

1 contenitore da 32 once di ricotta

1 pacchetto da 5- once di spinaci

Kosher sale e pepe nero

12 lasagne

8 once di mozzarella

Insalata verde, per servire

Preparazione:

In una ciotola, mescola la zucca e la noce moscata. In una seconda ciotola, unisci ricotta, spinaci, ½ cucchiaino di sale, ¼ di cucchiaino di pepe.

Nella parte inferiore di una padella, su fuoco basso, spargi ½ tazza di miscela di zucca. Cospargi con 3 delle lasagne, metà del composto restante di zucca, 3 lasagne, e metà del composto di ricotta; ripeti, e termina con il composto di ricotta. Cospargi di mozzarella. Fai cuocere lentamente, coperto, fino a quando le tagliatelle saranno tenere, per 3 o 4 ore. Servi con l'insalata verde, se lo desideri.

Calorie 571

Grassi 29 g

Grassi saturi 18 g

Colesterolo 107 mg

Sodio 564 mg

Proteine 32 g

Carboidrati 47 g

Zucchero 2 g

Fibra 6 g

Ferro 3 mg

Calcio 543 mg

Cena ricetta 22

Double -beef chili

Anche se questo può sembrare come un piatto maschile, è molto tenero, ma anche forte e ricco di sostanze nutritive!

Ingredienti:

2 cucchiai di olio di oliva

1 grossa cipolla bianca, tritata

4 spicchi d'aglio, tritati

Kosher sale e pepe nero

1 libbra di carne macinata

1 cucchiaio di peperoncino in polvere

Da 1 a 3 cipollotti tritati in salsa adobo

1 brodo di manzo da 12 once

1 scatola di pomodori pelati 28 once

1 15.5 once di fagioli

Pane di mais, panna acida, coriandolo, e jalapeños marinati, per servire.

Preparazione:

Scalda l'olio in una grande casseruola a fuoco medio. Aggiungi la cipolla, l'aglio, ½ cucchiaino di sale e pepe. Cuoci, mescolando spesso, fino a quando tutto si ammorbidisce, 6-8 minuti. Aggiungi la carne e cuoci, rompendola con un cucchiaio, fino alla sua complete colorazione, per 4 o 5 minuti.

Aggiungi la polvere di peperoncino ed I cipollotti nella casseruola e fai cuocere, mescolando, per 1 minuto. Aggiungi il brodo e cuoci fino a ridurlo della metà, 6-8 minuti. Aggiungi il pomodoro (con il suo succo), fagioli, e ¼ cucchiaino di sale e pepe. Cuoci a fuoco lento, fino a quando sarà addensato, 20-25 minuti. Servi con il pane di mais, panna acida, coriandolo, e jalapeños sottaceto.

Calorie 431

Grassi 21 g

Grassi saturi 6 g

Colesterolo 67 mg

Sodio 956 mg

Proteine 27 g

Carboidrati 26 g

Zucchero 9 g

Fibra 6 g

Ferro 5 mg

Calcio 78 mg

Cena ricetta 23

Lamb meatball and Swiss stew

Aggiungi un po' di sapore europeo sulla tua tavola con questa incredibilmente deliziosa ricotta di polpette. La carne di agnello è tenera e succosa; si scioglie in bocca!

Ingredienti:

2 grandi uova, leggermente sbattute

2 spicchi d'aglio, tritato finemente

3/4 tazza di pangrattato

1 cucchiaino di paprika dolce

3/4 cucchiaino di semi di cumino, schiacciati

Kosher sale e pepe nero

1 libbra di carne di agnello

2 cucchiai olio di oliva

1 grosso mazzo di bietola (circa 11 once totale), senza steli e tritata

6 tazze di brodo di pollo con poco sale

1/2 tazza d'orzo o di un altro cereale

Yogurt bianco, per servire

Preparazione:

Unisci uova, aglio, pangrattato, paprika, cumino, 1 ¼ cucchiaini di sale, e ¼ cucchiaino di pepe in una ciotola media. Aggiungi l'agnello e delicatamente mescola con le mani per unire il tutto. Forma con il composto 18 polpette (circa 2 cucchiai ciascuno).

Scalda l'olio a fuoco medio-alto in una grande pentola. Cuoci le polpette, girando di tanto in tanto, fino a doratura completa, 4-6 minuti. Trasferiscile in un piatto; coprilo.

Aggiungi le bietole nella pentola di prima. Cucina, fino a quando sarà croccante, 2-3 minuti. Aggiungi il brodo di pollo e le polpette e porta ad ebollizione. Abbassa la fiamma e lascia cuocere finché le polpette saranno cotte, da 10 a 12 minuti. Aggiungi l'orzo, e lascia cuocere finché diverrà tenero, da 8 a 11 minuti.

Poco prima di servire, piega le foglie di bietola. Servi caldo condito con lo yogurt, se lo desideri.

Calorie 365

Grassi 19 g

Grassi saturi6 g

Colesterolo 131 mg

Sodio 630 mg

Proteine 25 g

Carboidrati 25 g

Zucchero 3 g

Fibra 3 g

Ferro 3 mg

Calcio 104 mg

Cena ricetta 24

Beef and uovo burger

Si tratta di una versione più sana del classico hamburger. Uno dei piatti preferiti dei bambini.

Ingredienti:

2 cucchiaini di olio di canola, e molto di più per la grata

1 1/4 libbre di carne macinata

4 fette di tacchino, tritate

Kosher sale e pepe nero

4 muffin inglesi, tagliati

4 grandi uova

1 grande pomodoro, a fette

Metti la griglia fuoco a medio-alto. Una volta che è calda, puliscila con una spazzola. Ungi la griglia.

Mescola delicatamente insieme la carne di manzo, il tacchino, e ½ cucchiaino di sale e pepe con le mani in una ciotola media fino a unire tutti gli ingredienti. Forma con il composto di manzo quattro hamburger con ¾ di pollice di spessore. Utilizza le dita per fare un buco poco profondo nella parte superiore di ogni pezzo (per cucinarli meglio).

Griglia gli hamburger fino a che un termometro alimentare non segnerà circa 140 ° F, 4 minuti per lato per una cottura media. Scalda il muffin, giralo verso il basso, fino a quando sarà tostato, da 10 a 20 secondi. Scalda l'olio in una grande padella antiaderente sul fornello a fuoco medio. Rompi le uova nella padella e falle cuocere, coperte, per 2-3 minuti per far colare leggermente I tuorli. Condisci con ¼ cucchiaino di sale e pepe.

Inserisci pomodoro, hamburger, uova tra i muffin.

Per la massima sicurezza, il Dipartimento dell'Agricoltura degli Stati Uniti raccomanda: 165 ° F per il pollame, 145 ° F per i pesci, e 160 ° F per carne macinata di manzo, agnello e tacchino.

Calorie 558

Grassi 31 g

Grassi saturi 10 g

Colesterolo 302 mg

Sodio 940 mg

Proteine 40 g

Carboidrati 28 g

Zucchero 3 g

Fibra 2 g

Ferro 6 mg

Calcio 226 mg

ALTRI TITOLI DELL'AUTORE

The Ultimate Guide to Weight Training Nutrition: Maximize Your Potential

By Joseph Correa

Becoming Mentally Tougher In Bodybuilding by Using Meditation: Reach Your Potential by Controlling Your Inner Thoughts

By Joseph Correa

www.ingramcontent.com/pod-product-compliance
Lightning Source LLC
Chambersburg PA
CBHW070131080526

44586CB00015B/1647